HaffmansTaschenBuch 47

DOROTHY PARKER

Close Harmony oder Die liebe Familie

EIN SCHAUSPIEL

AUS DEM
AMERIKANISCHEN
VON
FRIEDERIKE ROTH

HAFFMANS VERLAG

Titel des amerikanischen Originals:
Close Harmony or The Lady Next Door
A Play by Dorothy Parker and Elmer L. Rice
Diesen Titel bekam das Stück 1929.
Eine frühere Fassung aus dem Jahr 1924 trug den Titel »Soft Music«.
Die vorliegende Übersetzung
entstand im Auftrag des
Verlags der Autoren.

Deutsche Erstausgabe

Veröffentlicht als
HaffmansTaschenBuch 47, Winter 1989
Konzeption und Gestaltung von
Urs Jakob
Umschlagbild von
Almut Gernhardt

Satz: Jung Satz Centrum, Lahnau
Herstellung: Ebner Ulm
ISBN 3 25 01047 6

1 2 3 4 5 – 94 93 92 91 90 89

Personen

Harriet Graham
»Sister« Graham
Annie
Ada Towseley
Bella Sheridan
Ed Graham
Bertram Sheridan
Bill Saunders
Dr. Robbins

Die Bilder

Akt I	Das Wohnzimmer der Grahams in deren Haus in Homecrest; Tür an Tür mit dem der Sheridans.
Akt II	Das Wohnzimmer der Sheridans im Parallel-Haus; neben dem der Grahams. Ein paar Tage später.
Akt III	Das Wohnzimmer der Grahams – am gleichen Nachmittag.

Hinweis
Homecrest ist 47 Minuten vom Hauptbahnhof entfernt.

*************** AKT I ***************

Das Wohnzimmer im Haus der Grahams in Homecrest – 47 Minuten vom Hauptbahnhof entfernt. Es sieht aus wie jedes andere beliebige Wohnzimmer in jedem anderen beliebigen Vorstadthaus der Mittelklasse. Obwohl die Grahams seit sechs oder sieben Jahren da wohnen, zeigt das Haus keinerlei persönliche Note. Das Zimmer tendiert zu gediegener, langweiliger, fader Farbgebung. Es gibt eine »Couchgarnitur« mit 2 Sesseln und einer Schlafcouch, ein paar Schaukelstühle, Hocker, einen abgewetzten Morris Ledersessel, einen kleinen Nähtisch und ein Kleinklavier. Die Bilder waren Hochzeitsgeschenke aus der Kunstschule – »Sir Galahad« in Sepia, eine Radierung der »Lucia di Lammermoor«, eine riesige kolorierte Photographie irgendeines unbekannten Wasserfalls, zwei oder drei Aquarelle von Heckenrosenbüschen, sandige Küsten bei Ebbe, Bauernhäuser mitten im Schneefeld und ein kleines, aber wuchtig gerahmtes Ölbild mit einem Mönch, der eine Flasche Chianti hochhält.

Es gibt keine Bücherregale und keine Blumen, aber Farne aus Boston und einen Gummibaum; weder das eine noch das andere gibt allzu viel her. Ein paar Bücher, die keiner je in der Hand hatte, sind sorgfältig auf einem Tisch arrangiert. Eine Tür führt zu einem Flur, eine andere ins Eßzimmer. Neben der Flurtür liegt das Garderobenzimmer. In goldfarbenes Eichenöl eingelassene Treppen führen zum zweiten Stock. Der ganze Raum wirkt so hergerichtet und unpersönlich wie eine Kirche.

Wenn der Vorhang aufgeht, sitzt Sister am Klavier und übt. Sie ist ein blasses, etwa 11jähriges Mädchen und hat Kleider an, in die sie »hineinwachsen« kann. Sie trägt eine Brille und eine goldene Zahnspange. Sie spielt konzentriert ihre Läufe und achtet sorgfältig auf den Fingersatz. Wenn sie unüberhörbar die falsche Taste erwischt, was gar nicht oft passiert, hört sie sofort auf, korrigiert sich, geht wieder zurück und spielt den ganzen Absatz noch einmal. Ab und zu jedoch greift sie etwas daneben, ohne das geringste davon zu merken.

Harriet Graham, ihre Mutter, sitzt kerzengerade im Schaukelstuhl neben dem Nähkästchen. Sie wirkt immer angespannt. Sie ist Ende Dreißig, klein, stämmig und geradezu fanatisch korrekt hergerichtet, was Haare, Kragen, Ärmelaufschläge, Manschetten usw. betrifft. Sie trägt ein Hauskleid und bequeme flache Schuhe. Um sie herum wird eine fast bedrohliche, angestrengte Heiterkeit spürbar. Alles macht sie mit etwas mehr Nachdruck als unbedingt nötig. Neben ihr auf dem Fußboden liegt ein Stapel langer Männerunterhosen, und sie näht voll Entschiedenheit Knöpfe an das Paar, das sie gerade in den Händen hat. Sie nickt mit dem Kopf in kurzen, harten Schlägen – zu Sisters Spiel. Sie bemerkt nicht den geringsten Fehler.

Das geht ein paar Minuten so. Dann klingelt das Telephon. Sister hört sofort auf zu spielen, dreht sich auf dem Klavierstuhl um und lauscht. Harriet legt ihre Arbeit weg, läuft schnell zum Telephon – etwas schneller als nötig – und antwortet laut und barsch.

HARRIET Hallo ... Wen wollen Sie haben? ... Könnten Sie nicht etwas lauter sprechen, bitte? ... Wen? ... Aber es gibt hier keine Miss O'Conell. Sie sind hier bei Mrs. Graham ... Was? ... Ach, Sie meinen Annie! Einen Augenblick, bitte. *Sie geht bis zum Durchgang und brüllt – viel zu laut – zum Eßzimmer hinüber.* An-nie! An-nie! Einer Ihrer Freunde will Sie mal wieder sprechen. *Sie setzt sich in ihren Sessel zurück und wiederholt amüsiert »Miss O'Conell«. Sister verläßt ihren Stuhl und läuft zu ihrer Mutter. Sie deutet zum Eßzimmer hinüber.*

SISTER Sie hat gestern telephoniert, als du weg warst.

HARRIET Ah-ha! Sister, du sollst nicht mit dem Finger zeigen!

SISTER *läßt sich bei Mrs. Graham nieder und nickt heftig* M-hm. Sie hat irgendeinen Tillie angerufen, und dann haben sie geredet und geredet. Ich hab ihr zugehört.

HARRIET *tätschelt zärtlich Sisters Kopf* Mutters kleine Hausverwalterin!

Annie, das Dienstmädchen, tritt durch die Eßzimmertür und geht zum Telephon. Harriet und Sister hören aufmerksam zu.

ANNIE *mit der atemlosen Stimme, wie Leute sie haben, wenn sie noch immer das Telephon fürchten* Hallo ... Hier ist Annie ... Also ... Oh, nichts ... Abendbrot vorbereiten, Kartoffeln schälen ... Nein, heute abend kann ich nicht. Nein, ich kann nicht ... Wir bekommen Besuch ... Ja, gut. Wiedersehen. *Sie legt den Hörer auf, geht zurück Richtung Eßzimmer und bleibt nach ein paar Schritten stehen.*

HARRIET *freundlich, aber bestimmt* Annie! *Annie bleibt*

stehen und sieht sie verängstigt an. Harriet stickt weiter und sieht das Mädchen gar nicht an. Annie, ich weiß hier herum kein Dienstmädchen sonst, das von seinen Freunden zu jeder Tages- und Nachtzeit von der Arbeit weggeholt wird, wie das bei dir ist. Ich meine, das solltest du doch merken und deinen Freunden sagen, wenn die nichts Besseres zu tun haben – dann mußt du das tun. Ich jedenfalls wüßte, was ich an deiner Stelle zu sagen hätte.

ANNIE *undeutlich* Ja, Gnä' Frau.

HARRIET Was hast du gesagt, Annie?

ANNIE *noch beklommener* Ja, Gnä.

HARRIET *laut und aufmunternd* Ja, Mrs. Graham!

ANNIE *schwach* Ja, Mrs. Graham.

HARRIET *gleichbleibend freundlich* Annie, hast du gestern telephoniert, während ich weg war?

ANNIE *starrt Sister an* Ja, Gnädige Frau.

HARRIET Gut. Wir wollten nur sicher sein, Annie. Weil es nämlich nicht gerade nett wäre, wenn wir dir einen falschen Betrag vom Lohn abziehen würden, oder? *Annie murmelt etwas und will weitergehen. Sie geht ein oder zwei Schritte.* Lassen wirs gut sein damit, Annie. Ich kenne viel zu viel Mädchen, die darauf erpicht sind, eine gute Stelle in einem angenehmen Haus zu bekommen, um mich mit solchen Dingen abgeben zu müssen... Was hast du gesagt, Annie?

ANNIE *mürrisch* Ja, Gnä...

HARRIET *wieder aufmunternd* Ja, Mrs. Graham.

ANNIE Ja, Mrs. Graham. *Sie geht hinaus.*

Harriet summt mit hoher, klarer Stimme vor sich hin. Sie hatte eben ihren guten Augenblick.

HARRIET Na, Sister, wie wärs? Noch ein wenig Musik?

SISTER *jammernd* Ich bin müde. *Sie legt sich zwischen Tisch und Stuhl nieder.*

HARRIET Wirklich, mein Schäfchen? *Sie legt ihr Stickzeug weg und fühlt besorgt Sisters Backen, Stirn und Nacken.* Ich weiß nicht – ich glaube nicht – daß uns dieses neue Aufbaumittel so viel genützt hat. Setz dich jetzt einfach hin und ruh dich schön aus, bis Papi und Tante Ada hier sind.

Sister läßt sich aufs Sofa fallen, schließt die Augen und seufzt ergeben. Sie ist die geborene Leidende und spielt diese Rolle ausgezeichnet.

HARRIET *beobachtet sie besorgt* Sister, ich fürchte, wir haben übertrieben. Wir müssen daran denken, daß wir nicht wie andere Kinder sind, ja! Ich glaube nicht, daß es gut für uns ist, wenn wir mit den Carter-Kindern spielen.

SISTER *matt* Sie lassen sich von den Hunden richtig ins Gesicht küssen.

HARRIET *schockiert* Ach! Warte nur ab: Irgendwann werden sie ganz furchtbar krank werden, du wirst sehen. Doch, ja, ich glaube, wir sollten lieber jemand anderen zum Spielen suchen. *Sister nickt träge.*

SISTER Mhmm.

HARRIET *sitzt im Sessel am Tisch* Ja, Mutter!

SISTER *die auf der Couch sitzt* Ja, Mutter.

HARRIET Wirklich! Ich finde, so ein großes Mädchen wie du muß daran denken, daß es freundlich antwortet, wenn die Mutter mit ihm spricht... Also, was um Himmels willen ist mit Tante Ada los? Wahrscheinlich ist Papi losgezogen und hat wieder alles durcheinander gebracht, und Tante Ada steht auf dem kalten Hauptbahnhof rum und wartet auf ihn. *Sie stichelt heftig.* Das sieht ihm nämlich ähnlich.

SISTER *spinnt ihren eigenen Gedankenfaden:* Tante Ada wird staunen, wenn sie *mich* sieht, oder?

HARRIET Ja, mein Liebes. *Sie wirkt leicht gereizt. Sie legt die Stickerei zur Seite, steht auf und geht im Zimmer hin und her.* Jeh, sie wird sich wundern, wenn sie sieht, wie wir gewachsen sind. *Pause.*

SISTER *spricht, wenn Harriet am Tisch rechts steht* Glaubst du, daß sie daran denkt und mir etwas mitbringt?

HARRIET *läuft zurück zur Couch zu Sister* Wirklich, Sister, es ist nicht nett, immer nur daran zu denken, ob die Leute dir etwas mitbringen. Das mag Mutter gar nicht; es beleidigt Mutter. *Sie tätschelt Sisters Kopf.* Ja, ich glaube, sie bringt uns etwas mit.

SISTER *stolz* Weiß sie, daß ich die Mandeln herausbekommen habe?

HARRIET Aber ja, Liebes. Mutter hat ihr alles darüber geschrieben. *Pause. Harriet geht zurück zum Sessel neben dem Tisch und fängt wieder an zu sticken. Es entstehen immer wieder Pausen beim Reden.*

SISTER Die Carter-Kinder haben ihre Mandeln noch nicht herausbekommen. Nicht einmal die Polypen.

HARRIET *nimmt ihre Stickerei wieder auf* Ich weiß nicht, was sich deren Mutter dabei denkt, wirklich. Wahrscheinlich ist sie vollauf mit Faulenzen beschäftigt die ganze Zeit.

SISTER *im Konversationsstil: Du* tust nicht faulenzen, Mutter, oder?

HARRIET *Sie lacht und sieht zärtlich auf Sister* Kleines altes Jüngferchen! Nein, Liebes, Mutter tut das nicht. Sie möchte mal sehen, was aus dir und aus diesem Haus und deinem Papi werden würde, wenn sie bloß hin und her huschen würde und sich Rouge und was weiß ich noch alles, wie so gewisse Leute, gar nicht so weit von hier... Also was ist wohl mit Tante Ada und Papi passiert? *Pause.*

SISTER Mrs. Sheridan macht sich Rouge ins Gesicht. Ich hab ihr zugesehen. Genau da drüben in ihrem Vorzimmer. *Sie deutet vage nach links.*

HARRIET Nicht mit dem Finger deuten, mein Schäfchen. Was hast du denn bei ihr gesehen?

SISTER Sie hat ihren ganzen Mund rot angemalt und sich dann dauernd im Spiegel angesehen. Ich habe sie beobachtet. Den ganzen Mund hat sie angemalt.

HARRIET *sie seufzt* Ach, wirklich, Sister, manchmal denke ich – Natürlich ist es gut für dich, daß du Musikunterricht hast... Liebes... hast du irgendwann einmal einen Mann hineingehen sehen, wenn Mr. Sheridan gerade nicht zu Hause war?

SISTER Weiß ich nicht. Ich werde achtgeben.

HARRIET Was bist du für ein großes Mädchen! *Also was* um alles kann bloß mit deiner Tante Ada passiert sein? Man sollte doch meinen, daß dein Papi einmal... daß man sich einmal auf ihn verlassen könnte? *Pause. Sie steht auf und läuft wieder hin und her.*

Die Türglocke geht. Man hört Schritte in der Vorhalle und lautes Türenklingeln; danach wird ungeduldig an die Tür geklopft.

SISTER *Sie springt auf und hüpft aufgeregt hin und her* Oh, das sind sie, das sind sie jetzt! Kann ich zur Tür, Mutter?

HARRIET *mechanisch Darf* ich zur Tür, Mutter? ... *Sie sieht sich nervös im Zimmer um, stürzt aufs Klavier zu und zieht die Abdeckung gerade.* Also gut, Sister, mach die Tür auf. Aber gib acht, wenn es zieht!

Sister öffnet die Tür, und Ada Towseley tritt ein. Sie ist eine große, recht kräftige Frau in den Vierzigern, sorgfältig aber überhaupt nicht schick gekleidet. Sie hat sich gut verheiratet, wie man in ihren Kreisen sagt, und weder sie noch ihre Verwandten verlieren dieses Faktum je aus dem Blickwinkel. Sie trägt eine Tasche und einen Schirm. Sie wirkt entrüstet. Harriet eilt auf sie zu und küßt sie laut.

HARRIET Endlich, du Fremde! *Sie küssen sich.* Dein Anblick ist eine Wohltat für meine gequälte Seele! *Plötzlich geht ihr auf, daß Ada allein ist.* Ja, aber um Himmels willen! Wo ist Papi? Hat er dich nicht getroffen?

ADA Nein, er hat mich nicht getroffen! *Sie stellt die Tasche demonstrativ ab.* Ich habe auf diesem kalten Bahnhof *gestanden* und *gestanden*, bis ich dachte, die Füße fallen mir ab, und von deinem Ed war kein Schimmer zu sehen! *Sie legt den Schirm auf die Tasche und läßt sich erschöpft seufzend in einen Sessel fallen.*

HARRIET Also, wenn ihm das nicht ähnlich sieht. Ich habe ihm gesagt – ach was, nicht nur einmal, hundertmal habe ich ihm gesagt, daß er dich am Informationsschalter abholen soll, genau fünf nach fünf.

ADA *sie lacht kurz und verärgert auf* Schön, er war mit Sicherheit nicht da, nicht um fünf nach fünf noch sonst irgendwann. Ich war da und habe mir die Beine in den Bauch gestanden. *Sie fängt an, ihre Handschuhe auszuziehen und zerrt dabei wütend an den Haken. Sister steht da wie verhext und sieht von Ada zu Harriet.*

HARRIET Ach, *ehrlich!* Und was hast du *gemacht,* Ada?

ADA Es wurde schließlich Viertel nach fünf, und ich hab mir gesagt: »Schön und gut, ich will hier nicht die Nacht über stehen und auf irgendeinen Ed warten«, hab ich mir gesagt; also bin ich halt selbst an den Schalter gegangen und hab mir eine Fahrkarte gekauft und hab den Fünfuhrzweiundzwanziger Zug hierher erwischt. Ich will dir mal was sagen, Het – ich würde das nicht aushalten. Ich würde Ed schon das eine oder andere sagen, wenn ich in deiner Haut wäre. *Pause. Erneut kommen die eben erfahrenen Kränkungen über sie.* Und als ich schließlich hier war, froh und wohlbehalten, war kein einziges Taxi zu sehen.

HARRIET Also Sister, so siehst du wirklich ganz gräßlich aus – nimm die Finger aus dem Mund! Was soll auch Tante Ada denken.

ADA Liebe Gute, ich bin ja noch gar nicht dazugekommen, mir Sister anzusehen. Jeh, was für ein großes Mädchen! *Sister geht zu Harriet hinüber. Sie ist plötzlich schüchtern und hält sich an ihrer Mutter fest.*

HARRIET *tätschelt ihr den Kopf* Sie ist auch ein richtig gesundes Mädchen geworden, seit sie die Mandeln herausbekommen hat. Der Arzt hat uns gesagt, er habe in seinem ganzen Leben noch nicht solche Mandeln bei einem Kind gesehen. Und was sie Blut verloren hat –

ADA Na ja – sie sieht dir von Tag zu Tag ähnlicher, Het. *Harriet sieht auf den Tisch.* Ich kann nicht die geringste

Spur eines Graham an ihr finden. *Sie lacht kurz.* Vermutlich ist sie ihnen genau so fern – also wirklich, Het, manchmal muß ich mich schlicht fragen, wie du mit diesem Mann klar kommst. *Sie öffnet ihren Pelz.* Wenn es mein Henry gewesen wäre, wenn der gesagt hätte, er will jemanden fünf nach fünf treffen, der *wäre* dagewesen um fünf nach fünf. *Er* wäre bestimmt dagewesen.

HARRIET *voll Bewunderung* O ja, so ist Henry – genau so. Geht es Henry gut, Ada?

ADA *nickt würdevoll* Oh, Henry geht es sehr gut – unberufen. *Sie klopft auf den Holztisch.*

HARRIET Möchtest du hochgehen auf dein Zimmer und ablegen?

ADA Endlich angekommen. Laß mich eine Minute verschnaufen, jetzt, wo ich da bin. *Sie legt den Hut ab.*

SISTER *Sie haßt es, nicht im Mittelpunkt zu stehen, und wendet sich an ihre Mutter.* Mutt-er! *Sie zerrt an Harriets Kleid.*

HARRIET Was ist los, Sister?

SISTER Sag ihr, was die Schwester über mich gesagt hat.

HARRIET *lacht* Sie will, daß ich dir erzähle, was eine erfahrene Krankenschwester gesagt hat, Tante Ada. Sie hat nämlich gesagt, daß wir wirklich der beste kleine Patient waren, den sie je hatte.

ADA Ach, das ist gut. Sobald ich meine Reisetasche ausgeräumt habe, wird jemand ein hübsches neues Nähkörbchen bekommen.

HARRIET Ach, das Kind hat schon so viel bekommen, daß sie sich noch nicht einmal die Hälfte davon ansieht. Jeh, das ist doch ein neuer Pelz, den du anhast? *Sie steht auf und geht zu Ada.*

Ada *mit gekünsteltem Gleichmut* Ach, das? Doch, ja, Henry hat gemeint, daß mir ein kleines Geschenk guttun würde; wo ich so erschöpft war, nachdem das Haus renoviert war.

Harriet *geht nach links* Oh, er ist wunderschön, Ada. *Lacht.* Naja, ich kann dir nichts derartiges zeigen. Mrs. Graham trägt auch diesmal wieder denselben alten schwarzen Luchs, besten Dank. *Sie setzt sich und nimmt am Sessel neben dem Tisch wieder ihre Stickerei auf. Sister sitzt auf der Armlehne.*

Ada *sieht sich um* Du hast hier ein richtig heimeliges kleines Nest, Het. Wirklich hübsch. Zwar, natürlich, klein, aber wirklich angenehm. Ist das das neue Wohnzimmersofa, von dem du geschrieben hast?

Harriet Ja. Ich finde es hübsch, für diesen Preis. Man sieht den Schmutz nicht.

Ada Ja, das ist eine gute Schmutzfarbe. *Sie lacht.* Die ganzen Auslagen, bis das Haus renoviert war! »Ach, es wird uns schon nicht umbringen«, hat Henry gesagt.

Harriet Ach, meine Liebe, ich wünsche mir bei Gott, daß Ed ein wenig wäre wie er. *Sie seufzt.*

Ada Naja, wir können ja nicht alle vollkommen sein. *Sie lacht.* Spielt er immer noch auf seiner Mandoline?

Harriet *Sie und Sister lachen beide.* Nein, Gott sei Dank, davon haben wir ihn abgebracht.

Sister *voll Verachtung* Papi konnte überhaupt nicht gut spielen.

Harriet *lachend* Oh, Papi kann unserer kleinen Miss Oberschlau nichts vormachen, Tante Ada. *Das Telephon klingelt. Harriet hastet darauf zu. Ada und Sister hören zu.* Hallo – Ja – Wen wollen Sie haben? Oh – Mrs. Sheridan – *Eine Männerstimme:* Naja, ich muß jemand hinüberschicken und sie holen lassen. *Sie legt den Hörer weg.* Als würde so etwas nicht stören. Immer ist irgendwas! *Sie geht zur Eßzimmertür und ruft.* Annie! An-nie! *Sie setzt sich erschöpft.* Also ehrlich, als hätte ich nicht genug – Jetzt funktioniert das Telephon nebenan nicht und es geht alles über unseres, dauernd hin und her. An-nie! *Annie steckt den Kopf zur Eßzimmertür herein.* Ach Annie, Du mußt hinübergehen und Mrs. Sheridan holen. Hier ist jemand am Telephon, der sie sprechen will.

ANNIE *in der Tür, mürrisch* Ich hab genug damit zu tun, das Abendessen vorzubereiten und all das, ohne noch loszugehen und irgendwelche Mrs. Sheridans zu holen, um irgendwelche Telephongespräche zu führen.

HARRIET Also bitte, es reicht. *Sie setzt sich.* Geh jetzt hinüber und sag Mrs. Sheridan, daß hier jemand wartet. *Annie geht nörgelnd wieder hinaus.* Ist dir im Leben schon eine solche Unverschämtheit begegnet?

ADA Es würde mir nicht einfallen, so was mit mir machen zu lassen. Was ist denn überhaupt aus dieser Helen aus Schweden geworden, die du gehabt hast?

HARRIET Ich hab sie entlassen müssen. *Sie redet etwas unhörbar über Sisters Kopf hinweg. Ada runzelt die Stirn; sie versteht nichts.* Sister, lauf schnell nach oben und nimm dein Stärkungsmittel.

SISTER Oooch, Mutter!

HARRIET Einen ganz großen Löffel voll. Du hast gehört, Sister, was deine Mutter gesagt hat! *Sister geht mit schleppendem Gang. Harriet wartet, bis Sister weg ist. Mit gedämpfter Stimme.* Also, es sah nämlich so aus – *Sie sieht zur Treppe und sieht Sister auf dem Treppenabsatz lauschen.* Schnell hinauf, Sister. Zeig Tante Ada, wie artig wir gehorchen können. *Sister verzieht sich schließlich.* Die Kleinen haben große Ohren. Also, es sah so aus, als sei Helen ein recht leichtes Mädchen gewesen, Ada. Es gab ein Gerücht, daß sie es mit einem Installateur trieb.

ADA Es ist doch immer dasselbe mit diesen Ausländerinnen.

HARRIET Ja, sie sind alle gleich, alle miteinander. Achja, übrigens, diese Mrs. Sheridan, die jetzt kommt – naja, warte mal ab, bis du sie siehst! *Sie sieht sich vorsichtig nach der Tür um, beugt sich dann zu Ada und dämpft den Ton.* Sie kommt von der Bühne. Dieser Sheridan hat sie dann wohl geheiratet – und sie ist dabei, ihn völlig zu ruinieren. Ich glaube, er trinkt viel zu viel, als ihm guttut – ach, es ist wirklich schlimm!

ADA *nickt wissend* Ja, so geht das, wenn man diese Sorte Frauen heiratet.

HARRIET Naja, ich hab erlaubt, daß sie Sister Musikstunden gibt – ich nehme an, daß sie nicht allzu viel verdienen. Und ihr Mann ist auch ganz reizend – er ist irgendwie eine Art von Cousin von diesen New Yorker Sheridans – du weißt schon, von denen Photos in der Zeitung in Palm Beach und überall waren.

ADA War da nicht eine Schwester oder sonstwer im Sanatorium gestorben?

HARRIET Ja, genau die. *Sie beugt sich nach vorne.* Man sagt, wenn sie anfängt zu reden, wird sie aufregend! Nichts als »Sch's« und »T's«! *Sie schnalzt sorgenvoll mit der Zunge.* Und erst ihre Kleider! Naja, jedenfalls muß man sich nicht erst noch viel dazudenken! Ich glaube nicht, daß sie überhaupt einen Unterrock hat. Pst! Sei still!

Mrs. Sheridan tritt durch die Eßzimmertür. Sie ist eine etwa 25 Jahre alte, gutaussehende Frau, in leuchtenden Farben gekleidet, sie trägt elegante, hochhackige Schuhe. Auf dem Gesicht deutlich sichtbar das Make-up. Sie hat eine einnehmende, freundliche, heitere und selbstbewußte Art. Mühelos läßt sich ihre ehemalige Show-girl-Zeit erahnen.

MRS. SHERIDAN Wirklich, es tut mir sehr leid, Sie so zu belästigen. Ich muß eine gräßliche Nervensäge sein mit dieser Telephoniererei. Es ist furchtbar nett von Ihnen, daß Sie mich – *sie nimmt den Telephonhörer und spricht ins Telephon.* Hallo – Oh – hal-loo, Joe! Sag bloß, wo hast du die ganzen Jahre gesteckt? ... O ja, ich weiß – tut mir schrecklich leid, daß ich dich hab warten lassen, aber ich hatte kaum etwas an – Du kennst das ja... *Ada und Harriet tauschen mißbilligende Blicke.* Was? ... Ach ja? ... Wirklich? ... Ehrlich, du bist ein Schatz, daß du an mich denkst, aber im Ernst, ich glaube nicht, daß ich zurückgehe – Ja genau, die ergebene Gattin... das ist der harte Job für mich zur Zeit... Nein, wirklich, ich will nicht zurückkommen... Ja, das werde ich bestimmt... Jedenfalls vielen Dank, Joe... Laß dich küssen, daß du so lieb warst... Also gut, Joey. Wiedersehen... *Sie legt den Hörer auf und wendet sich den beiden Frauen zu.* Es tut mir sehr leid, daß ich Sie gestört habe, Mrs. Graham. *Sie lacht.* In der Zentrale sind sie jetzt schon daran gewöhnt, und da geben sie diese Nummer an, wenn man nach meiner fragt. So rückt man zusammen, wenn man auf dem Land lebt.

HARRIET Ja, ich glaube, da kann man gar nichts machen.

Darf ich bekanntmachen – meine Schwester, Mrs. Towseley, Mrs. Sheridan.

MRS. SHERIDAN Angenehm.

HARRIET Wahrscheinlich hat Sister Ihnen von ihrer Tante Ada erzählt?

MRS. SHERIDAN Ja, hat sie, genau. *Sie lächelt Ada zu. Ada verbeugt sich hoheitsvoll. Es entsteht ein kurzes Schweigen. Niemand fordert Mrs. Sheridan auf zu bleiben.* Also, ich muß schnell wieder zurück und mit dem Essen weitermachen. Bert kommt heute abend mal pünktlich, zur Abwechslung. *Sie lacht.* Also, Wiedersehen Mrs. Graham. Wiedersehen, Mrs ... *Unter Grüßen verläßt sie das Haus.*

HARRIET Hast du es jetzt gesehen?

ADA M-hmm. Ich sag es ja immer: wenn ein Mann nicht rechtzeitig nach Hause kommt, ist bloß seine Frau daran schuld.

HARRIET Hast du das Kleid gesehen, das sie angehabt hat? Man hat direkt durchsehen können, als sie da drüben stand.

ADA Das muß ein alter Freund von ihr gewesen sein! Hast du gehört, wie sie gesagt hat, sie will ihn küssen?

HARRIET Was hältst du davon, das Sister bei ihr Musikstunden nimmt?

ADA Ich glaube, *ich* würde mich wohl nach jemand anderem umsehen, wenn ich an deiner Stelle wäre! Die da hatte ich im Nullkommanichts durchschaut. *Sister kommt die Treppe heruntergelaufen.*

HARRIET Hast du dein Mittel genommen, Sister?

SISTER M-hm. Papi kommt gerade. Ich hab ihn durchs Fenster gesehen.

ADA Jetzt wird es aber auch Zeit!

HARRIET *Lacht.* Warte bloß die Ausreden ab! *Sie legt ihr Nähzeug weg.*

ADA Sei nur nicht zu versöhnlich mit ihm, Het. Du *mußt* ihm einfach ein paar Dinge sagen.

HARRIET Ganz sicher werde ich das. Ach, dieser Papi! *Man hört einen schnellen Schritt an der Tür. Sister öffnet.*

Ed Graham kommt eilig herein. Er ist um die vierzig, ein bißchen mickrig, ein bißchen kurzsichtig – einer von 10 Millionen. Sein ganzes Benehmen ist eine einzige Entschuldigung – es graust ihm vor der Gardinenpredigt, die ihn erwartet. Er trägt ein kleines rundes Päckchen, das zu verstecken er sich bemüht. Sister steht an der Tür. Nachdem Ed eingetreten ist, schließt sie die Tür und geht zum Klavier.

ED Hallo, Sis – ist Tante Ada schon da? Oh, da bist du ja, Ada! Jetzt sag bloß, wir haben uns wohl irgendwie verfehlt?

HARRIET Also wo um Himmels willen *warst* du?

ADA *mit betonter Geduld* Ich war da und hab mir die Beine in den Bauch gestanden.

ED Sag bloß, ich muß wohl ein klein wenig später dort gewesen sein. Ich habe versucht, aus dem Büro wegzukommen, aber dann kam noch das eine, und dann noch das andere, und im Handumdrehen war es schon fünf.

HARRIET Lieber Gott, man könnte meinen, er sei J. P. Morgan oder sonstwer, bei all der Arbeit, die er zu erledigen hat! *Sie lacht.* Bloß macht uns diese ganze Arbeit offenbar nicht reich, was, Sister? *Sister lacht.*

ADA Also ich hab ewig gewartet.

ED Sag bloß, das ist wirklich zu dumm, daß du so lange

hast warten müssen. Ich glaube, es muß fast Viertel nach fünf gewesen sein, als ich da war.

ADA *hoheitsvoll* Ich habe bis 20 nach fünf gewartet.

ED *als wäre er zutiefst beeindruckt:* Nein! Wirklich? Also sag mal – dann muß meine Uhr schon wieder nachgehen, das müssen gut fünf bis zehn Minuten sein – *Ihm fehlt der Nerv für weitere Entschuldigungen. Er sieht die beiden Frauen hilflos an, geht dann zur Garderobe und hängt Hut und Mantel auf.*

HARRIET *während er sein Zeug aufhängt* Und die arme Ada stand da auf dem kalten Bahnhof, und als sie dann hier ankam, war weit und breit kein Taxi da – *Er sieht sich vorsichtig um. Keiner beobachtet ihn. Er steckt das Päckchen in die Manteltasche.*

ED *kommt aus der Garderobe zurück* So – habt ihr nette Gesellschaft gehabt?

HARRIET Gesellschaft! Du reichst uns völlig.

ED Nein, sag – ich glaube, ich hab jemanden aus dem Haus gehen sehen.

HARRIET Ach – das war diese Mrs. Sheridan – *Gesellschaft!* Ich glaube, Ada hatte nicht gerade angenehme Gesellschaft, als sie auf dem Bahnhof gewartet hat.

ED Naja, ich bin froh, daß du jetzt immerhin da bist... *kommt näher* Ada, sag mal, du siehst prächtig aus. Ich weiß nicht, ob ich dich je schon einmal so schön gesehen habe. Gehts Henry gut?

ADA *läßt sich nicht überrumpeln* Henry gehts gut!

ED Na, das ist schön. Freut mich, das zu hören. *Setzt sich neben den Couch-Tisch und bemüht sich um Konversation.* Also, warte mal – dann mußt du gerade den Fünf-Uhr-Zweiundzwanziger hier heraus erwischt haben, oder?

Ada Ich habe bis zwanzig nach fünf gewartet.

Ed So gesehen ist der Fünf-Uhr-Zweiundzwanziger recht günstig. Er hält nicht in Fairview oder Pine Oaks oder bei Roosevelt Hills – Doch, da hält er auch. Er hält bei Roosevelt Hills – oder am –

Harriet *lacht* Wirklich, Papi, was glaubst du, was Ada mich zuerst gefragt hat, als sie hier ankam? Sie wollte zuallererst wissen, als erstes wollte sie wissen, ob du noch immer auf deiner Mandoline spielst. *Sie winkt ihm mit dem Nähzeug zu.* Oh, sie kennt dich! *Ada und Sister lachen.*

Ed *dümmlich* Aber nein, Ada, ich glaube, ich habe die Mandoline jetzt seit über einem Jahr nicht mehr angerührt.

Ada *lacht kurz auf* Ich glaube ja, Het kommt ohne diesen Krach genausogut zurecht.

Ed *lacht auch* Ja, denk ich auch.

Harriet Ada, möchtest du jetzt vielleicht hoch auf dein Zimmer? Du mußt todmüde sein. Los, komm. *Sie springt auf. Ada sammelt ihre Sachen ein.*

Ed *versucht, alles wieder ins Lot zu bringen – im Aufstehen* Hört mal, wollen die Damen nach dem Abendessen noch irgendetwas Nettes unternehmen? Mir scheint, wir sollten ein wenig feiern – wo wir und Ada uns schon so lange nicht mehr gesehen haben. Zum Beispiel ins Kino gehen?

Ada Jetzt, wo ich da bin, bin ich ganz schön erschöpft. Nichts macht einen so müde wie dastehen und warten.

Ed Ja, also sie spielen heute abend diesen Film, mit dieser – wie heißt sie denn noch? Achja, diese Gloria Swanson, die spielt da mit.

Harriet Ach, ich weiß nicht, ich fühl mich auch so –

ADA Also ehrlich, sie ist ja wirklich süß, diese Kleine. Ich schlage vor, ich lad uns alle ein heute abend, Het.

HARRIET Aber Ada, du tust so viel. Warum läßt du das nicht mal Papi machen zum Ausgleich?

ED Eben. Genau. Ada, laß mich –

ADA Nein, nein. Im Ernst. Heute abend bin ich dran.

SISTER *läuft zu Harriet* O Mutter, kann ich mitkommen? Kann ich, Mutter? Ach, kann ich, Mutter? Mutter, kann ich?

HARRIET *Darf* ich, Mutter – Naja, Liebes, ich weiß nicht, wir waren doch so müde –

SISTER Aaaach! Mut-ter!

HARRIET Ach! Sister! Mutter will mal sehen. Aber ganz bestimmt müssen wir uns erst noch bei Tante Ada bedanken, nicht wahr?

ADA Oh, das ist doch nicht der Rede wert. Ich kann diese Ausgaben ja wohl gerade noch verkraften.

HARRIET Oh, Ada, du gibst immer her und nimmst nie etwas an. *Sie lächelt voll Bewunderung. Sie und Sister gehen zur Treppe.*

ED Also ehrlich, Ada, da bin ich froh, daß du deine Schwester zum Ausgehen überreden konntest. Ich bring sie fast nie dazu, abends aus dem Haus zu gehen.

ADA Naja, ich glaube, du kannst dich bei deinem Glücksstern bedanken, daß sie nicht so ein Flattergeist ist. *Sie geht zu ihrer Tasche.* Du kannst, glaube ich, weit gehen, ehe du eine bessere Frau als Harriet findest. *Sie geht ein paar Stufen hoch, bleibt dann stehen und wendet sich ihm zu.* Ich glaube, das ist das ganze Problem, daß hier jemand ziemlich verwöhnt ist. Da hat jemand eine Frau, die einfach zu viel für ihn tut, glaube ich.

HARRIET Nun komm aber, Ada! *Sie geht zur Treppe und*

lacht abwehrend. Ich glaube nicht, daß Papi merkt, wie erschöpft man sein kann. Und was ich alles mit Sisters Mandeln mitgemacht habe! Ehrlich, Ada, ich hätte alles dafür gegeben, wenn du das ganze Blut hättest sehen können, das dieses Kind verloren hat! Also, die haben dauernd solche... *Sie deutet die Größe der Auffangschalen mit den Händen an, während sie nach oben aus dem Blickfeld verschwinden. Nun alleine gelassen schaut Ed nervös zur Treppe, geht dann zur Garderobe und holt das Päckchen. Er geht peinlich leise und vorsichtig zur Eingangstür.*

HARRIETS *Stimme von oben* Papi! *Er bleibt stehen, sieht zur Treppe und kommt zurück; dabei versucht er das Päckchen zu verbergen.*

ED Ja, Het.

HARRIET Papi, bring uns eine Glühbirne hoch, ja? Die in Adas Zimmer ist durchgebrannt.

ED Ja sicher. Wo hast du sie liegen?

HARRIET Eine volle Schachtel ist an der Garderobe, genau unter deiner Nase. *Ed geht zur Garderobe, steckt das Päckchen zurück in den Mantel und sieht sich hilflos nach den Glühbirnen um.* Aber wo bleibst du denn, Papi?

ED Also, sag mal, Het – die scheinen nicht hier zu sein.

HARRIET Ach – warte eine Minute. Ich komme gleich. *Sie läuft die Treppen herunter und redet im Näherkommen.* Mein Gott, Papi, du findest im Leben nie was, oder? Sie sind ganz genau hier – Gott im Himmel. Wenn sie Hörner hätten, hätten sie dich gestoßen. *Sie sucht in der Garderobe.* Also – wo auf Gottes Erdboden sind sie geblieben? *Sie hastet hin und her und sucht danach. Ed will ihr dabei helfen.* Ach bitte, setz dich doch,

Herr Unnütz, ich mach das schon. *Ed setzt sich auf die Couch und greift zur Pfeife.* Oh – du und deine alte Pfeife! Eines Tages wirst du selbst noch eine Pfeife! Ich hab dich schon hundert Mal darum gebeten, gar nicht erst damit anzufangen, dieses Ding hier drin zu rauchen. *Sie läuft nach rechts zum Tisch. Ed steckt die Pfeife gehorsam und traurig wieder in die Tasche. Sie schraubt die Birne aus einer Lampe vom Tisch.* Muß ich halt eine von hier nehmen.

ED Du freust dich wahrscheinlich sehr, daß du Ada wieder mal siehst, oder?

HARRIET Ja, es wird eine nette Abwechslung für mich, ein bißchen Gesellschaft zu haben, wo ich die ganze Zeit ans Haus festgebunden bin.

ED Aber hör mal, wir könnten öfter als einmal am Abend oder an einem Sonntag, wenn es schön ist, ausgehen. Es gibt viele Möglichkeiten, wo wir hingehen könnten.

HARRIET Ja, da bist du gleich dabei. Immer ausgehen wollen.

ED Ach, ich weiß nicht – warum sollten wir uns nicht manchmal eine Show ansehen.

HARRIET O ja, jetzt kommst du wieder mit deinen alten Shows.

ED Naja, ich weiß nicht. Mir hat eine gute Show immer gefallen. *Er lacht.* Irgendwie läßt es dich deine Probleme vergessen.

HARRIET Probleme? Was hast du schon für Probleme, möcht ich mal wissen?

ED *geht nach rechts* Ach, ich hab doch nur Spaß gemacht. Hast du das nicht gemerkt, Het? Aber im Ernst, du mußt unbedingt öfter hier heraus. Weißt du, was ich mir gedacht habe – Ich habe gedacht, wenn es schönes

Wetter wird, könnten wir uns vielleicht ein kleines Auto zulegen.

HARRIET Brems dich lieber und denk an die Sparkasse.

ED Ja, ist ja schon gut, Het. Ich glaube, wir haben genug auf der Seite für die schlechten Tage. Es wird Zeit, daß wir allmählich das Leben ein wenig genießen.

HARRIET Du könntest froh sein, daß ich so gut haushalte.

ED Aber das weiß ich doch, Het. Ich dachte ja nur, wir könnten einmal, anstatt fürs Haus, etwas Gutes für uns tun. Ich weiß, daß wir allmählich ein altes Ehepaar sind, aber trotzdem – *Er wird ganz verwirrt und geht zu ihr.* Ehrlich, Het, du hast mir nicht mal richtig Guten Abend gesagt, als ich heute abend hereinkam, oder? *Er will sie bei der Hand nehmen, aber sie zieht die Hand zurück.*

HARRIET Als hätte ich für solche Dummheiten Zeit. *Sister klappert die Treppe herunter und überhüpft die beiden letzten Stufen. Sie trägt einen kleinen Nähkorb.* Na na, Sister Graham! Ich glaube nicht, daß du deine Mutter oder Tante Ada je so die Treppe herunterkommen gesehen hast. Manchmal denkt Mutter, daß ein ganz anderes kleines Mädchen hierher ins Haus kam und deine Kleider angezogen hat.

SISTER Sieh mal, was mir Tante Ada gegeben hat! Sieh mal, was mir Tante Ada gegeben hat!

HARRIET *prüft das Nähtäschchen, es ist ein recht billiges Täschchen* Na wirklich, ist das nicht süß. Und hat Mutters großes Mädchen auch schön Danke zu Tante Ada gesagt, ja?

SISTER M-hm! Sihe sagt, du sollst heraufkommen, sagt sie.

HARRIET Sie! Wer ist »Sie«? »Sie« – ist des Teufels Großmutter.

SISTER Tante Ada möchte, daß du heraufkommst.

HARRIET Tante Ada möchte, daß du heraufkommst, liebe Mutter!

SISTER M-hm. Sie hat etwas für dich. Ich habs gesehen. Es ist ein Taschentuch.

HARRIET Liebe Zeit, ich kann mit Taschentüchern einen Großhandel betreiben. *Sie geht nach oben.* Sister, du setzt dich jetzt nieder und ruhst aus vor dem Essen. Mein Gott, wir sind ja ganz spitz im Gesicht – hoffentlich haben wir nichts übertrieben. Und so lange aufbleiben heute abend und all das – *ihre Stimme wird unhörbar, wenn man Harriet nicht mehr sieht.*

Sister läßt sich in einen Sessel fallen und prüft das Nähtäschchen. Sie beachtet Ed überhaupt nicht.

ED Na, Sister, wie geht es deinem Hals heut abend?

SISTER *sehr gelangweilt* Ist gut.

ED Fühlst dich wohl, ja? Ach, das ist gut, nicht?

SISTER M-hm. *Sie gähnt.*

Das Telephon klingelt. Ed geht hin und nimmt ab. Sister hört aufmerksam zu.

ED Hallo ... Ja, Nummer 350 ... Aber ja, sicher ... Ach, gerne ... Macht überhaupt keine Umstände ... Bleiben Sie einen Moment dran ... *Er legt den Hörer sorgfältig nieder und geht zur Tür.*

HARRIET *von oben* Wer ist denn am Telephon, Papi?

ED *bleibt stehen und sieht nach oben* Ach, jemand für Mrs. Sheridan, Het.

HARRIET Um Himmels willen – schon wieder! Na schön,

sag Annie, sie soll hinübergehen und sie holen. *Er sieht ratlos nach oben. Er will selbst gehen, wagt aber nicht so recht, es zu sagen.*

ED Wirklich, Het, das ist nicht nötig. Ich kann doch gehen ...

SISTER *ruft in Richtung Eßzimmer* Annie! Mutter sagt, du sollst herkommen. *Ed steht da und wartet. Annie steckt den Kopf zur Eßzimmertür herein.*

ED Oh, guten Abend, Annie.

ANNIE Guten Abend, Mr. Graham.

ED Achja, Annie, ich soll dich bitten, zu Mrs. Sheridan hinüberzugehen und ihr auszurichten, daß jemand mit ihr telephonieren will. *Er setzt sich.*

ANNIE Aber gewiß, Mr. Graham.

ED Ist es mit dem Finger besser geworden, Annie?

ANNIE O gewiß – es ist fast schon verheilt, Mr. Graham. *Sie geht hinaus.*

ED *geht zum Telephon und fängt zu reden an* Hallo ... Also, tut mir leid, daß Sie so lange warten müssen ... Sie wird jetzt gleich hier sein, in einer Minute ... Ach, ist schon gut. *Er legt den Hörer wieder ab und setzt sich wieder zu Sister. Ed versucht, ein Gespräch mit ihr anzufangen. Er sehnt sich nach friedlicher Behaglichkeit, und sie langweilt sich entsetzlich mit ihm. Sie macht sich nicht einmal die Mühe, ihn anzusehen, wenn sie ihm antwortet; sie macht weiter an den Sachen aus dem Nähtäschchen herum.* Also dann ist es besser mit deinem Hals, ja?

SISTER Ich habs dir schon gesagt, daß es gut ist. *Eine kurze Pause.*

ED Warst du draußen spielen heute nachmittag?

SISTER M-hm.

Ed War es schön?

Sister M-hm.

Ed Na, dann ist es gut. Sehr schön. Da hast du also einen schönen Tag gehabt, ja? Das ist gut.

Sister M-hm.

Ed Wer war mit dir draußen zum Spielen?

Sister Och – alle!

Ed Viele Kinder hier, ja? Also das ist gut. Doch, das ist wichtig. Halte dich draußen an der Luft auf. Hast du mit den Carter-Kindern gespielt?

Sister Für mich sind das zum Spielen nicht ganz die richtigen Kinder.

Ed Wirklich? Ach, das ist zu schade. Wo liegt das Problem?

Sister Sie zeigen mit dem Finger.

Ed Mit dem Finger? Tun sie das. Naja, das ist schlimm, das ist schlimm. Das ist wirklich schlimm, oder?

Sister M-hm. *Wieder eine kleine Pause.*

Ed Ich glaube, du freust dich sehr, daß du deine Tante Ada wieder siehst, ja?

Sister M-hm.

Ed Wahrscheinlich hat dir ein kleines Vöglein gesagt, daß sie dir irgend etwas Hübsches mitbringen wird.

Sister Das ist nicht nett, wenn man immer daran denkt, ob die Leute einem etwas mitbringen.

Ed Oh. *Er lacht nervös.* Das ist die richtige Antwort für Papi, wirklich. War es schön in der Schule heute?

Sister Naja, alles in Ordnung. *Sie summt eine langweilige Melodie.*

Ed Im Unterricht alles in Ordnung, ja? Was ist das für ein Lied – hast du das in der Schule gelernt?

Sister M-hm. Miss Mawhinney hat es uns beigebracht.

Sie singt und sieht dabei auf ihre Finger, die am Rock herumfälteln.

Die Lilie gehört zu Frankreich
die Rose zu England
und es ist jedem bekannt
wo das Kleeblatt findet sein Land.

Schottland hat die Distel
die wächst im Tal
Aber die Lieblingsblume Amerikas
ist die Goldrute.

ED Also das ist gut. Amerikas Lieblingsblume ist die Goldrute, was? Lieber Mann, das ist gut.

SISTER M-hm. Es geht um Patriotismus.

ED Mmm – stimmt. Du wirst eine ziemlich gute Sängerin auf diese Weise, Sister. *Er ist stolz auf sie. Zögernd geht er auf sie zu und will ihr – ängstlich – übers Haar streicheln.* Dein Papa hat gar nicht gewußt, daß du so etwas singen kannst.

SISTER *zieht sich vor ihm zurück* Oh – meine Haare.

ED Tut mir leid, Sis. Ich – ich wollte dir nicht weh tun an den Haaren. *Er sieht sie hilflos an und wendet sich niedergeschlagen wieder zurück zu seinem Sessel.* Das wollte ich nicht, Sis – *Er setzt sich.* Naja – du singst ziemlich gut, mein lieber Mann.

SISTER M-hm.

HARRIET *von oben* Sister! Sister Gra-ham!

SISTER *ruft* Ja, Mutter.

HARRIET Hast du schon gegurgelt?

SISTER *weinerlich* Ach, Mutter!

HARRIET Also schön, du kommst jetzt sofort herauf und

gurgelst gründlich! *Sister geht, ohne den Blick auf Ed zu werfen.*

Mrs. Sheridan tritt in die Eßzimmer-Tür. Sie trägt ein anderes und hübscheres Kleid als zuvor. Ed zieht sich schnell seine Krawatte zurecht, als sie eintritt.

MRS. SHERIDAN *Sie winkt Ed auf dem Weg zum Telephon zu* Hallo, alle miteinander! Wirklich, es muß gräßlich, es muß die Pest mit mir sein mit dieser Telephoniererei – *Sie nimmt den Hörer und fängt an zu sprechen. Ihre Stimme, die zuerst fröhlich war, wird im Verlauf des Telephongesprächs zunehmend leblos. Während sie redet, geht Ed zur Garderobe und holt das Päckchen.* Hallo... Ja, hier ist Bella... O hallo, Bert... Tut mir leid, daß du warten mußtest... Ich habe mich gerade zum Abendessen umgezogen... total umgezogen für dich... Was? Mein Gott, ist das eine schlechte Verbindung... Wo bist du? ... Oh... Ach Bert, bitte nicht heute abend! Erinnerst du dich nicht mehr wegen heute abend? ... Oh... Ach, hör doch. Kannst du nicht mit einem späteren Zug herauskommen? Mir ist es egal, wann wir essen... Ich sage, es ist mir egal, wie spät es ist, wenn du nur kommst... Oh... Ja, ich verstehe... Ich sage, ja, ich verstehe... Nein, ist ja gut... Nein, es macht nichts... In Ordnung, Bert... Ja, ich werde früh zu Bett gehen... *Traurig.* Ist gut... ist gut... Wiedersehen. *Langsam legt sie den Hörer auf und wendet sich vom Telephon ab, mit hängenden Schultern und ganz enttäuschter Miene. Ed geht zu ihr und übergibt das Päckchen. Er spricht ziemlich leise. Er will nicht, daß Harriet ihn hört.*

ED *stolz* Ich hab ihn für Sie besorgt.

MRS. SHERIDAN *sieht ihn verständnislos an* Was besorgt?

ED Naja, Ihre Endivien. Sie wissen schon. *Er will ihr das Päckchen geben.*

MRS. SHERIDAN Was für Endivien?

ED *etwas gekränkt* Aber, wissen Sie denn nicht, diese Salatsorte, die Sie mich heute morgen gebeten haben zu besorgen.

MRS. SHERIDAN Oh! O ja! Aber jetzt brauche ich sie nicht mehr. *Sie wendet sich ab.* Das war gerade Bert – am Telephon. Er kommt nicht nach Hause zum Essen. *Sie wendet sich Ed wieder zu – wütend und in Aufregung. Sie muß es loswerden.* Dafür wollte ich das nämlich haben – für sein Abendessen. Er ist ganz verrückt nach dem dämlichen Zeug. Ich wollte ihn damit überraschen – so ein Idiot bin ich. Es sollte so eine Art kleine Party werden. Wir hatten wieder Streit gestern abend, und danach haben wir alles besprochen und geklärt, und wir wollten sozusagen mit allem noch einmal von vorn anfangen. *Sie wendet sich ab.*

ED *tritt nervös von einem Fuß auf den anderen* Also wirklich – das ist schon schlimm.

MRS. SHERIDAN *wieder gelangweilt* Naja, so läuft das immer – jedesmal wenn ich denke, alles wird gut werden. *Sie wird wieder wütend und dreht sich nach ihm um.* Ich kann Ihnen sagen, mir ist diese ganze Angelegenheit allmählich derart zuwider, ich weiß nicht mehr, was ich tun soll! *Sie läßt sich in einen Sessel neben dem Tisch fallen.*

ED *verwirrt* Also wirklich, es ist eine Schande, so etwas. *Er sieht gedankenverloren auf das Päckchen und lacht dämlich.* Ehrlich – es war gar nicht einfach ihn zu bekommen. Ich mußte in drei oder vier Geschäfte – ich bin deshalb sogar zu spät gekommen.

MRS. SHERIDAN *hängt ihren eigenen Gedanken nach und realisiert aber, daß Ed etwas gesagt hat:* Was haben Sie gesagt?

ED *dümmlich* Ich habe bloß gesagt, daß ich in mehrere Geschäfte mußte, um das zu bekommen. Mehr nicht.

MRS. SHERIDAN *fühlt sich sofort betroffen* Und ausgerechnet ich habe Ihnen die ganze Mühe gemacht!

ED *völlig verwirrt* Nein wirklich, ist ja schon gut. Hab ich doch gerne getan. Ich hätts Ihnen auch rübergebracht, aber hier zu Hause hat man schon auf mich gewartet, gewissermaßen.

MRS. SHERIDAN *streckt ihre Hand nach dem Päckchen aus* Ach, es war wirklich lieb von Ihnen, mir das zu besorgen – bei all den Unannehmlichkeiten. Auf jeden Fall – herzlichen Dank. *Sie nimmt das Päckchen, sieht es an und lacht ein wenig.* Schön – das ist nun wohl gelaufen. *Sie wendet sich vertraulich Ed zu.* Sie verstehen, wie das ist. Wenn man alles getan hat für etwas – dann haut es einen um, wenn es plötzlich nicht stattfindet. Ich weiß nicht – ich trau mich einfach nicht recht, wieder hinüberzugehen und ganz allein dort zu essen.

ED *geht nervös hin und her* Ehrlich, das ist schrecklich. Ich will so etwas bei Ihnen nicht mit ansehen müssen.

MRS. SHERIDAN Naja, es wird mich schon nicht umbringen. Ich sollte es inzwischen eigentlich gewöhnt sein. *Sie lacht etwas traurig.* Komisch, daß man sich eben nicht daran gewöhnt, was? ... Lieber Gott, manchmal denke ich, was für ein Idiot ich war, in einem solchen Nest mein Leben verbringen zu wollen – und hier allein zu hocken, Nacht für Nacht. Sie sind hier draußen der einzige, der mich als Mensch behandelt – *Ed setzt sich auf die Couch. Er wird ein wenig zutraulicher.*

ED Aber ich hab doch gleich gemerkt, daß Sie und ich, daß wir beide ganz gut miteinander auskommen würden.

MRS. SHERIDAN Eben – ich auch. Schon das erste Mal, als ich mit Ihnen sprach, habe ich mir gesagt: »Hallo, hier ist es gut. Was ist schon groß dabei, seine Zeit hier draußen zu verbringen?«

ED *lacht geschmeichelt* Wirklich? Also das ist phantastisch. Sie sind es wahrscheinlich nicht gewöhnt, in so einer Kleinstadt wie hier zu leben.

MRS. SHERIDAN Ich habe gar nicht geahnt, daß es etwas anderes geben könnte als New York. Aber irgendwohin mußten wir schließlich. Auseinander, wie wir waren, und wir waren auseinander – und da – ich weiß nicht – kam mir irgendwie die Idee – *zögernd* –, wenn wir aufs Land gehen würden und irgendwie alles neu anfangen, dann würde alles wieder gut... *Sie lacht.* Doch, so war es! Beim Rheuma meiner Oma!

ED Es wird alles gut werden. Sie müssen nur Geduld haben.

MRS. SHERIDAN Ja, schon – nur glaube ich nicht, daß mein Leben für eine derart lange Zeit... Liebe Güte, wenn ich daran denke, wie ich vor drei Jahren war... *Stolz.* Normalerweise stand ich auf der Bühne, wissen Sie.

ED Ja, das weiß ich. Sie waren garantiert sehr gut.

MRS. SHERIDAN Ach, ich war wahrscheinlich gar nicht so gut, aber ich war ganz darauf versessen! Ich war eine Spielzeit lang am »Winter Garden«. Ich war der Geist in der Weinbeere, von der die große Versuchung für alle Nationen ausging... Doch, ich habe es sehr gerne gemacht. Manchmal würde ich am liebsten sofort wieder zurückkehren.

Ed *ziemlich niedergeschlagen* Ach – Sie wollen also wieder zurück.

Mrs. Sheridan Wenn ich bloß wüßte, was ich tun soll. Ein Freund von mir hat mich hier angerufen, gerade vorhin – und hat gesagt, er hätte etwas für mich. Wahrscheinlich war es dumm von mir, ihm abzusagen. Aber Sie wissen ja, wie sowas ist, wenn man mal drei Jahre aus dem Geschäft war. Man kann sich irgendwie zu nichts mehr entschließen. Ich hätte nie aufhören sollen. Daß das ein Fehler war, ist mir inzwischen klar.

Ed *sehr überrascht* Schon, aber Sie haben doch geheiratet, oder?

Mrs. Sheridan *lacht verbittert* O ja, das war *die* Idee überhaupt. Bert erklärte mir unentwegt, wie sehr er mich braucht – und, liebe Güte, das klang wunderbar. Ich war mein Leben lang immer auf dem Sprung, und da dachte ich, es muß doch großartig sein, ein Zuhause zu haben und all das. Ach, Sie verstehen das – ein nettes Heim für mich allein.

Ed Ehrlich, es gefällt mir gar nicht, daß Sie das so sehen. Wenn es jemand verdient hat, daß alles gut läuft, dann sind Sie das.

Mrs. Sheridan *gerührt* Ach, Sie sind so reizend! Kein Wunder, daß Ihre Frau glücklich ist. Gott, ich wäre auch glücklich, wenn ich jemanden hätte, der sich irgendwie um mich kümmert und mir den ewigen Kleinkram erledigt.

Ed Sicher, kann ich verstehen. Wir beide sind uns in dieser Hinsicht ganz ähnlich. Es muß schön sein, wenn einen jemand ein wenig bewundert.

Mrs. Sheridan *lacht ihm verständnisvoll zu* Och – Ich –

Ed Einmal, nach langer Zeit, verstehen Sie... *Er schweigt.*

Mrs. Sheridan Irgendwann einmal – Was ist dann?

Ed Weiß ich doch auch nicht. Ich weiß nicht, was ich sagen soll. *Eine peinliche Stille. Pause.*

Mrs. Sheridan *im Konversationston* Haben Sie Sister das neue Stück schon spielen hören?

Ed Nein. Nein, noch nicht.

Mrs. Sheridan Sie macht das furchtbar gut... Wirklich, sie kommt sehr schnell vorwärts... Rauchen Sie eine Zigarette?

Ed *wirft einen schreckensbleichen Blick nach oben* Ich muß gestehen, ich habe keine einzige. Ich – ich rauche immer Pfeife.

Mrs. Sheridan Ach, wirklich? Es gefällt mir, wenn jemand Pfeife raucht. Wirkt irgendwie männlich.

Ed *geschmeichelt* Aber ja, ich habe schon immer Pfeife geraucht. Keine Ahnung, warum – ich hatte einfach den Eindruck, daß es mir schmeckte. Aber im Ernst, es tut mir leid, daß ich überhaupt keine Zigaretten für Sie habe.

Mrs. Sheridan Aber nein, das ist schon gut so. Ich war gar nicht so wild danach. *Sie lacht.* Sagen Sies ruhig, ich glaube, wenn die Leute hier mich je rauchen sehen würden, wärs aus mit den Musikstunden.

Ed Sie mögen Musik, nicht wahr?

Mrs. Sheridan Ja natürlich. Ich bin ganz wild auf Musik. Ich mag gute Songs.

Ed Ich auch. Ich finde das schön. *Er lacht verschämt.* Ich habe früher immer mit einer Mandoline rumgeklimpert, ab und zu einmal.

MRS. SHERIDAN Ehrlich? Ach, ich liebe Mandolinen. Sie sind gewissermaßen so – Ich weiß es nicht.

ED Eben, genau das denke ich auch. Ich – also ich war nie besonders gut. *Er wird immer zutraulicher.* Ich habs mir sozusagen selbst beigebracht – Ich hatte nie Unterricht.

MRS. SHERIDAN Wirklich? Aber das ist ja phantastisch!

ED Ich hab viel Spaß damit gehabt – nur grade das spielen, was mir gefiel –

MRS. SHERIDAN Ich würde Sie gerne einmal spielen hören.

ED Oh, ich habe schon seit, ich weiß nicht wie lange, nicht mehr gespielt. Mrs. Graham steht nicht so sehr auf Musik.

MRS. SHERIDAN Naja – Musik gehört zu den Dingen, die man entweder mag oder nicht. *Plötzlich.* Übrigens, warum kommen Sie nicht zu mir herüber ab und zu? Wir könnten uns einen schönen Abend zusammen machen.

ED Ehrlich, das würde ich gern tun. Das könnten wir wirklich tun.

MRS. SHERIDAN Es ist eine Schande, daß wir nicht öfter zusammenkommen, wo wir beide Musik mögen und alles. Wann können Sie herüberkommen?

ED Naja – weiß ich nicht – ich werde bald mal dastehen. Das will ich ganz bestimmt gerne.

MRS. SHERIDAN Also, dann müssen wir es auch *tun.* Wann immer Sie können – jeder Termin paßt.

ED *lacht* Genau so ist es. Das gilt.

MRS. SHERIDAN *sie steht auf* Lieber Gott, jetzt schauen Sie bloß mich an; ich hocke da, als würde ich mich für die Nacht einrichten. Himmel, mit Ihnen kann man gut reden. Es graust mich wirklich davor, zurück in meine

Bude zu gehen und allein dort zu essen. *Sie geht zu ihm.* Also, Gute Nacht, Mr. Graham. *Er nimmt ihre Hand und hält sie sehr lange, während sie einander ansehen.*

ED *zögernd* Also wirklich – Sie wissen – *Er bricht ab.*

MRS. SHERIDAN Was?

ED Naja – nichts – es ist nur – es gefällt mir gar nicht, Sie allein wieder gehen zu sehen. Warum setzen Sie sich nicht einfach her und – *Man hört Harriets Stimme. Die beiden trennen sich schnell.*

HARRIET *im Herunterkommen* Papi, du hättest Ada hören sollen, als ich ihr das mit dem Auto erzählte. Sie hat gesagt – Oh, Mrs. Sheridan! *Sie läuft hektisch im Zimmer herum, zündet die Lampen an, usw. Mrs. Sheridan und Ed fühlen sich ertappt und verlegen.*

MRS. SHERIDAN *lacht nervös* Ich bin schon wieder da, Mrs. Graham. Eben habe ich zu Mr. Graham gesagt, daß ich doch ein schrecklicher Störenfried sein muß, wo ich die ganze Zeit Ihr Telephon benütze.

HARRIET *lacht* Ach, ich glaube, unserer Annie wird es leid tun, wenn Ihr Telephon wieder funktioniert. Sie geht so gerne hinüber und holt Sie – sie macht alles gerne, was sie von ihrer Arbeit abhält. *Sie setzt sich.* So, das ist für heute das erste Mal, daß ich nicht auf den Beinen bin. Und da wundert sich unser Papi, warum mir abends nicht nach ausgehen ist, wundert er sich.

MRS. SHERIDAN Ja, das ist das Schlimmste, wenn man ein Haus zu versorgen hat.

ED Ach, übrigens, Het, Mrs. Sheridans Mann kommt nicht nach Hause – weißt du – *Er muß sich räuspern.*

Annie tritt vom Eßzimmer her dazu.

Annie Also, Mrs. Graham. *Murmelnd.* Das Abendessen ist fertig, Mrs. Graham.

Harriet Schön... das klingt schon besser. *Annie geht hinaus. Harriet steht auf.* Gut, und wir sind inzwischen wohl soweit. *Sie geht zur Treppe und ruft* A-da, A-da! Abendessen!

Adas Stimme O wie schön! Ich könnte ein ganzes Haus vertilgen.

Harriet Sister! Sister Graham!

Mrs. Sheridan Gut, ich werde mich jetzt aufmachen. *Sie geht zur Tür.*

Ed *mit verzweifelter Anstrengung* Hör mal, Het, Mrs. Sheridans – ihr Mann kann heute abend nicht herauskommen, und sie soll nun ganz alleine zu Abend essen.

Harriet *zu Mrs. Sheridan* Ach, ist das aber dumm. Bei Gott, das sieht doch einem Mann ähnlich, einem so etwas erst in der letzten Minute zu sagen. *Sie ruft wieder.* Sister! Komm doch herunter, solange dein Essen noch schön warm ist!

Mrs. Sheridan Also – Gute Nacht, Mrs. Graham. *Sie öffnet die Tür.*

Harriet *über die Schulter* Achja, gute Nacht, Mrs. Sheridan.

Ada und Sister kommen die Treppe herunter.

Mrs. Sheridan Gute Nacht, Mr. Graham.

Ed Naja – gute Nacht – gute Nacht. Wann immer Sie telephonieren wollen –

Mrs. Sheridan Danke. *Sie lächelt ihm zu und geht. Ed folgt ihr zur Tür und knipst ein Licht an der Tür an, damit Mrs. Sheridan etwas sieht. Die Vordertür ist halb geöffnet, so daß Ed vom Publikum aus immer gesehen werden kann.*

Ada und Sister kommen unten an der Treppe an.

HARRIET Meine Güte, manche Leute scheinen nie zu merken, wann es Zeit ist zu gehen. *Sie geht zum Eßzimmer und legt dabei den Arm um Sister.* Sister, und jetzt zeigen wir Tante Ada, was wir für ein riesiges Abendessen schaffen können, ja? Du weißt ja, wir müssen das ganze schöne Blut, das wir verloren haben, wieder aufholen.

HARRIETS *Stimme* Komm doch, Ed. Willst du denn dein Essen ganz kalt werden lassen?

ED *kommt herein, nachdem er das Türlicht abgedreht hat:* Schon gut, Het. Ich komme. *Er geht über die Bühne zum Eßzimmer und begräbt seine Gedankenbürde samt seiner Zuneigung zu Mrs. Sheridan.*

Sie versammeln sich im Eßzimmer

VORHANG

* * * * * * * * * * * * * * * * AKT II * * * * * * * * * * * * * * * *

Etwa 10 Tage später.

Im Wohnzimmer der Sheridans. Es ist, vom Grundriß her gesehen, identisch mit dem der Grahams. Vorstadthäuser werden en bloc gebaut. Die Türen, Treppenhäuser usw. sind jeweils am gleichen Fleck und aus demselben Holz. Was aber die Gestaltung des Zimmers betrifft, hat Mrs. Sheridan sich voll entfaltet. Die Wände sind im Flamboyant-Stil tapeziert – vorherrschend tiefblau und gelb. Kein Möbelstück ist mit dem anderen vergleichbar. Auf der Couch liegen jede Menge Kissen – Kissen, die etwas von der Luft der Wälder von Maine vermitteln, Kissen mit aufgestickten Stiefmütterchen, ein paar Rohseidenkissen mit ganzen Seidenblumenarrangements, andere mit ganz unterschiedlichem Design, eines davon bestickt mit der amerikanischen Flagge.

Die Wände sind mit Bildern übersät – ein paar Photographien, ein paar Farbdrucke, die Mrs. Sheridan liebt: »Septembermorgen« – die rothaarige Magdalena mit den blauen Tüchern; Harrisons Fischerfrauen; und ein paar undefinierbare Französische Drucke – aus der Zeit der Rosé- und Blue-Malerei. Der Paravent verschiedene Muster. Man sieht Püppchen mit Haarnetz und Ballett-Röckchen; gerahmte Photos; eine Uhr, die nicht mehr läuft; eine Dame aus Salzgebäck in Anbetungshaltung; und viele kleine und nutzlose Vasen. Krazy Kat steht ausgestopft in schwarzen Kleidern und mit vielen roten Bändern befestigt herum.

Auf dem Klavier liegen vergammelte Notenstapel, und in einer riesigen Silbervase stehen verstaubte amerikanische Kunstrosen. Die Lampenschirme haben alle Seiden- und Chiffonschattierungen und wirken alles in allem mehr als schäbig. Das Telephon liegt neben einem vergammelten Seidenkleidchen einer Puppe. Ein Grammophon steht auffällig herum.

Es gibt ein paar ordentliche Sachen – Relikte aus der Junggesellenzeit von Mr. Sheridan. Auf einem kleinen Tisch stehen Cocktailbecher aus gehämmertem Silber. Die Vorhänge an den Fenstern sind von schwerem blauen Velour; die Zigarettendosen aus Silber oder Emaille.

Das Zimmer ist nicht besonders aufgeräumt – die Kissen sind zerknittert, ein paar sind runtergefallen, auch Zeitschriften über Filme, Theater und Mode liegen aufgeschlagen auf den Sesseln oder sind über die Tische verstreut. Dennoch strahlt alles Gemütlichkeit, Fröhlichkeit und Interessiertheit aus. Man wäre sehr viel lieber hier als bei den Grahams.

Als der Vorhang aufgeht, sitzt Bert Sheridan im Sessel und liest die New York World. Auf einem kleinen Tisch neben ihm steht eine Flasche Scotch, ein Wasserbehälter und ein halbvolles Glas. Er ist gutaussehend, Mitte Dreißig, etwas zu schwer, etwas zu schwitzig, etwas zu schwammig. Er trägt ein Sweatshirt und Tweedhosen. Er hält die Zeitung lässig, weit geöffnet. Einige Seiten sind schon auf den Boden gefallen. Ab und an trinkt er aus seinem Glas.

Mrs. Sheridan sitzt neben ihm. Sie trägt ein leuchtendes Chiffon-Kleid und schicke Sandalen. Sie sieht sich ein Photo-Magazin an – ohne jedes Interesse. Schließlich läßt sie es in ihren Schoß fallen, reckt die Arme über den Kopf und gähnt laut.

MRS. SHERIDAN Ooo Gottogott! Das ist die heiße Art, einen sonnigen Tag auf dem Land zu verbringen. Laß uns etwas unternehmen.

MR. SHERIDAN *ohne von seiner Zeitung aufzusehen:* Zum Beispiel?

MRS. SHERIDAN Naja – wir könnten spazierengehen oder so etwas. Es ist ein wunderschöner Mittag.

MR. SHERIDAN Oh, wie bezaubernd – bezaubernd. Die Landstraßen gemeinsam zu durchstreifen. Womöglich läßt du mich sogar dein Händchen halten?

MRS. SHERIDAN Also gut – dann mach du einen Vorschlag.

MR. SHERIDAN Ich trau mich nicht, meine Liebe. *Er gießt sich einen Drink ein.*

MRS. SHERIDAN *verbittert* O ja, nimm ruhig noch einen Drink. Das wird dich so richtig munter machen.

MR. SHERIDAN Danke. *Er verbeugt sich vor ihr über das Glas hinweg und vertieft sich wieder in seine Zeitung.*

MRS. SHERIDAN *sieht ihn eine Zeitlang an, schüttelt den Kopf und nimmt wieder ihr Magazin zur Hand. Plötzlich läßt sie es fallen und platzt los:* O mein Gott, Bert, jetzt sitzen wir seit heut früh um 11 Uhr hier. Geht dir das nicht auf die Nerven? *Sie steht auf, läuft zum Eßzimmer und dann zurück zum Sessel.*

MR. SHERIDAN Auf die Nerven? Mit dir hier zu sitzen? Aber warum denn, mein Herz? *Er blättert eine Seite um.* MRS. SHERIDAN Ach Bert, tu doch nicht so! Ich wollte doch nur –

MR. SHERIDAN Ich habe nicht so oder so getan, meine Liebe. Es ist nichts als mein normales, freundliches, sonniges Wesen –

MRS. SHERIDAN Ahja. *Sie lacht kurz.*

MR. SHERIDAN *trinkt* Darf ich vorschlagen, daß wir nur für diesen einen Tag einmal den Familienkrach vergessen? – Natürlich nicht, wenn dich das in irgendeiner Weise einschränkt... War nur so eine meiner Ideen – als eine Art Abwechslung.

MRS. SHERIDAN *ans Klavier gelehnt* Mein Gott, ich will doch überhaupt nicht streiten mit dir! Nach dieser Tortur am Donnerstagabend habe ich mir geschworen, nie wieder – ich wollte nur versuchen – ich hab nur gedacht – du bist seit langem nicht mehr zu Hause gewesen – da hab ich gedacht, wir sollten eigentlich aus diesem Tag irgend etwas machen.

MR. SHERIDAN Ahja?

MRS. SHERIDAN Ein bißchen feiern, oder so –

MR. SHERIDAN Was schwebt dir vor? Fürs ganze Viertel hier eine Party?

MRS. SHERIDAN *sie wird wütend* Ach, es ist sinnlos, überhaupt damit anzufangen. Also gut – das ist erledigt, es ist gelaufen. Bleiben wir also hier sitzen. *Pause. Sie setzt sich in den Sessel.* Aber bei Gott, können wir nicht reden miteinander oder sonst was?

MR. SHERIDAN Reden? Fabelhaft. Und worüber sollen wir reden?

MRS. SHERIDAN Naja, worüber reden die Leute? Sie reden

eben. Menschen haben es so an sich, daß sie reden, weißt du, mein Schatz, sogar wenn sie schon drei Jahre miteinander verheiratet sind. Ich hab das schon mit eigenen Ohren gehört –

MR. SHERIDAN Also gut. Du fängst an –

MRS. SHERIDAN Na schön – *Sie lacht gequält und macht eine kleine verlorene, hilflose Geste.* Ist das nicht ein prächtiger Tag heute?

MR. SHERIDAN *nickt zustimmend* Ein schöner Tag. Ja. Hast du je einen anderen erlebt?

MRS. SHERIDAN Mein Gott, was soll das? Du hast gewonnen – *Sie steht auf, läuft nervös im Zimmer herum und zupft ziellos Kissen zurecht. Mr. Sheridan trinkt und widmet sich wieder der Zeitung.* Ach, Bert, übrigens – Joe Greenberg hat mich gestern wieder angerufen. Er hat wieder mal sein ganzes Leichtgewicht in die Schale geworfen, um mich für diese neuen Sommerfestspiele zu gewinnen. Er hat mir das jetzt zum dritten Mal angeboten.

MR. SHERIDAN Ehrlich?

MRS. SHERIDAN Ich habe ihm abgesagt – wieder einmal. Ich weiß nicht – vielleicht sollte ich doch alles noch einmal überdenken. *Sie sieht ihn an.* Was meinst du? Wie soll ich mich verhalten?

MR. SHERIDAN Wobei?

MRS. SHERIDAN *gereizt* Meine Güte, es macht wirklich Spaß, mit dir zu reden. Es hält einen ständig in Atem ... Ob ich wieder zurück zur Bühne gehe. Oder was hast du gedacht, wovon ich rede?

MR. SHERIDAN Naja, das ist oft schwer zu sagen. *Er trinkt.* Hast du schon daran gedacht, schlicht und einfach zu tun, was dir gefällt?

MRS. SHERIDAN Ach Bert, kannst du denn nicht wenigstens einmal ein kleines bißchen Interesse dafür aufbringen? ... Willst du ... Willst du nicht, daß ich zu Hause bleibe?

MR. SHERIDAN Meine Liebe, ich will, daß du das tust, was du willst. Sag mir, was kann noch fairer sein?

MRS. SHERIDAN *wütend* Was glaubst du denn, wofür ich es aufgegeben habe? Was glaubst du wohl, warum ich hier festsitze? Weil ich uns ein Zuhause machen will, deshalb! Oder womöglich gar, weil es mir einen Riesenvorteil bringt? Ich tu es deinetwegen; für dich mach ich das!

MR. SHERIDAN *grinst* Für mich? Bin ich das denn wert?

MRS. SHERIDAN O ja, du warst derjenige, der dauernd so bedeutend daherredete von wegen niemals getrennt sein. Was immer auch aus all diesen großartigen Ideen geworden ist.

MR. SHERIDAN Ja wirklich. Was?

MRS. SHERIDAN Als was für eine einfühlsame Seele du dich entpuppt hast! *Mr. Sheridan antwortet nicht. Mrs. Sheridan sieht ihn wütend an und wendet sich ihm plötzlich zu.* Mein Gott, Bert, ich halte das alles nicht mehr aus. Hier sitz ich nun fest und hocke in dieser Bruchbude, kann mit keinem reden und hab nichts zu tun; es gibt hier nur ein einziges menschliches Wesen! Ich weiß, daß ich es so wollte – Ich hab gedacht, wir könnten es schaffen!

MR. SHERIDAN Also gut, wir machen alle mal kleine Fehler.

MRS. SHERIDAN Da hast du verdammt noch mal recht. *Sie lacht.* Wenn ich bloß an mich denke, hier draußen am Ende der Welt. Musikstunden geben! Aah, diese Musikstunden. Sie sind der Gipfel. Unentwegt diesen Kirchenchortypen zunicken für 50 Cent die Stunde. Und dann vorzählen, eins, zwei, drei, vier, eins, zwei, drei, vier, bis es in die Ohren dieser Brut geht, Tag für Tag! *Sie lacht.* Eine großartige Karriere!

MR. SHERIDAN *äußerst gelangweilt* Warum machst du es? *Er greift zum Drink.*

MRS. SHERIDAN Weil wir essen müssen, Schätzchen, deshalb. Das ist nur eine von vielen kleinen Nebensächlichkeiten, die dir noch nicht aufgefallen sind. *Sie läßt sich in einen Sessel fallen.* Ach Gott, jeder halbe Dollar ist mir recht! So weit bin ich gekommen... Ich will nicht persönlich werden, mein Schatz, aber du hast kein Geld mehr nach Hause gebracht, seit sie die Fürsorgeunterstützung gestrichen haben. Oder was glaubst du, wie wir durchkommen? *Sie setzt sich in den anderen Sessel.*

MR. SHERIDAN Ich gebe dir doch die Hälfte jedes Schecks aus dem Vermögen, oder? Was machst du damit?

MRS. SHERIDAN Ich steck sie mir ins rechte Auge, Süßer, da ist Platz genug! *Sie lacht.* Hundert Dollar monatlich, obs stürmt oder schneit! Und als du gesagt hast, daß du ein Einkommen hast, da hab ich das ernst genommen.

Es läutet an der Tür.

MR. SHERIDAN Ich glaube, es ist jemand an der Tür, oder nicht?

MRS. SHERIDAN Doch, und da soll er auch bleiben. Für dich ist es recht angenehm, einfach hier zu sitzen, wenn du sonst nichts zu tun hast – aber was ist mit mir? O Gott, wenn der Schlachterjunge oder sonstwer mit mir durchbrennen wollte, ich hätte nicht einmal die Kraft, nein zu sagen.

MR. SHERIDAN *hebt sein Glas* Auf dein Wohl – viel Glück!

MRS. SHERIDAN Oh – hal – looh! Ach, das freut mich, daß Sie hier sind! Kommen Sie doch herein! *Ed tritt etwas verlegen ein.* Sie kennen meinen Mann, nicht wahr? Bert, Mr. Graham ist hier. *Mr. Sheridan erhebt sich.*

ED Ja – doch. Wie gehts so, Mr. Sheridan? Oh, setzen Sie sich wieder – setzen Sie sich. Keine Umstände meinetwegen! Ich hab nur kurz hereingeschaut, weil ich Sie bitten wollte –

MRS. SHERIDAN Aber trotzdem – wie geht es Ihnen? Sister hat mir erzählt, daß Sie zu Hause geblieben sind – krank.

ED *lacht dümmlich* Ach, bloß eine Art Erkältung.

MRS. SHERIDAN Ah –. Bei nichts sonst kann man sich so elend fühlen. Da bin ich schrecklich froh, daß es Ihnen wieder gut geht. Sie haben mir Sorgen gemacht. Ach bitte, legen Sie doch ab und setzen Sie sich.

MR. SHERIDAN *setzt sich aufs Sofa* Ja, wir mögen das, wenn die Nachbarn so hereinschneien.

ED Also ehrlich, ich kann bloß eine Minute bleiben. Ich wollte Sie nur kurz bitten – Mrs. Graham bat mich nämlich herüberzukommen – also, es ist nämlich so – Sister geht heute nachmittag zu irgendeiner Party oder so, und sie möchte das Stück spielen, das Sie ihr beigebracht haben.

MRS. SHERIDAN Ahja. Gewiß.

ED Ja. Und Mrs. Graham wollte, daß ich Sie bitte, ob Sie Sister herüberkommen lassen würden und das Stück noch einmal mit ihr durchgehen, ehe sie geht. Also ich meine – wenn es Ihnen keine Umstände macht, oder sonstwas – wenn Sie nichts anderes zu tun haben.

MRS. SHERIDAN Was sonst habe ich je zu tun? Also klar, sagen Sie ihr, sie kann gleich rüberkommen, wenn sie will.

ED Also, ehrlich, das ist riesig nett von Ihnen. Wissen Sie – Mrs. Graham möchte irgendwie sichergehen, daß Sister keine Fehler macht. *Er sieht beide an.*

MR. SHERIDAN Eine weise Voraussicht.

MRS. SHERIDAN Aber natürlich – Ich weiß, wie das ist – *Ed will wieder gehen.* Aber Sie werden doch nicht schon gehen! Mein Gott, wir sehen Sie ja überhaupt nie! Setzen Sie sich doch eine Minute.

ED Ehrlich, ich würde gerne, aber ich muß wieder rüber.

MRS. SHERIDAN Oh – h – *Sie begleitet ihn zur Tür.* Tut mir schrecklich leid, daß Sie gehen müssen. Ich warte nur darauf, daß wir diese Musik machen können, von der wir geredet haben.

ED Ja, ich weiß. Ehrlich – ich habe auch immer daran gedacht.

MRS. SHERIDAN Also, vergessen Sie es nicht – kommen Sie wirklich bald mal rüber.

ED Mach ich, ehrlich. Sie können sich darauf verlassen – Also – Ich möchte mich verabschieden, Mr. Sheridan.

MR. SHERIDAN Oh – Wiedersehen, Mr. Graham.

ED *schüttelt Mrs. Sheridan die Hand* Also, Auf Wiedersehen, Mrs. Sheridan.

MRS. SHERIDAN Wiedersehen, Mr. Graham. Und passen Sie bloß gut auf sich auf, ja? *Sie schließt die Tür hinter ihm. Sie steht an der Tür.*

MR. SHERIDAN *geht zum Sessel* Nett, einen reizenden

kleinen Gespielen hast du dir da zugelegt. Einen richtigen Ausbund an Feurigkeit.

MRS. SHERIDAN O ja, so ist es recht, lach über ihn, lach über ihn. Darin bist du fix. Jetzt hör mal eine Minute zu, mein lieber Bertram, wenn du auch nur halbwegs so wärst, wären wir beide ein ganz schönes Stück weiter.

MR. SHERIDAN Wie wahr, wie wahr! Ich bin überzeugt, daß unter seinem roten Flanell ein Herz aus Gold schlägt.

MRS. SHERIDAN Oh, das paßt zu dir, halbverschmort da zu hocken und Witze über ihn zu reißen. Ich will dir nur das eine sagen, wenn du mich auch nur annähernd so zärtlich behandeln würdest wie er *seine* Frau, dann würde ich hier keinen Aufstand machen. *Sie geht zum Klavier.*

MR. SHERIDAN Ich werde heute abend zu Gott beten, daß er mich ihm ähnlich werden läßt. *Er nimmt einen Drink. Mrs. Sheridan sitzt am Klavier.* Ahja – der neue Anfang! Schon ziemlich spät für diese Woche, oder? Wir haben Samstag.

MRS. SHERIDAN Ja, ich weiß – der erste Samstag, den wir zu Hause zusammen sind seit langem! Könnten wir es uns nicht irgendwie schön machen? Was sollen wir tun?

MR. SHERIDAN *auf der Couch* Naja – du hast dir diesen kleinen Sonnenstrahl von drüben aufgehalst, um dir den Nachmittag aufzuheitern.

MRS. SHERIDAN Sie wird nicht länger als 10 Minuten hier sein. Was sollen wir danach tun?

MR. SHERIDAN Tja, du kannst diesen Spaziergang machen, von dem du so geschwärmt hast – Ich, für meinen Teil, fahre mit dem Vier-Uhr-zwei in die Stadt.

MRS. SHERIDAN In die Stadt fahren!

MR. SHERIDAN Du hast es ganz unmittelbar erfaßt.

MRS. SHERIDAN Und was ist so Großartiges daran, am Samstagnachmittag in die Stadt zu fahren?

MR. SHERIDAN Ich habe eine Verabredung um fünf. Hab ich dir das nicht gesagt?

MRS. SHERIDAN Nein, das hast du mir nicht gesagt! *Sie lacht.* Wie gehts nochmal – das alte Soldatenspiel? »Muß mich treffen mit einem Mann«?

MR. SHERIDAN Du hast es wie immer ohne Schwierigkeiten erfaßt, meine Liebe. *Er zündet sich eine Zigarette an, seine Stimme wird zunehmend gedämpft.* Dieser Typ, Peterson – ich hab dir schon von ihm erzählt – sagt, er habe vielleicht was für mich in Aussicht –

MRS. SHERIDAN Ahja. *Sie lacht.*

MR. SHERIDAN Klingt nach was Rechtem. Aber natürlich will ich nichts entscheiden, ehe ich die Einzelheiten kenne und sagen kann, ob es meine Zeit wirklich lohnt –

MRS. SHERIDAN Ja, da hast du recht. Wirf dich nicht einfach so weg. Halte durch bis zur Präsidentschaft. *Sie ist plötzlich wütend. Sie steht auf und geht zur Couch.* Oh, um Himmels Willen, Bert, du glaubst doch nicht im Ernst, daß ich auf diese Einen-Mann-treffen-Geschichte hereinfalle? Großer Gott, es ist mir verdammt egal, was du tust, damit bin ich fertig. Aber könntest du nicht wenigstens über den Sonntag hier bei mir bleiben? Es ist die ganze Woche über schon schlimm genug – aber –

MR. SHERIDAN Meine Liebe, es ist für uns beide hart, ich weiß, aber ich fürchte, es muß sein. *Er gießt noch einen Drink ein.* Peterson ist ein wichtiger Mann, und er hat nur diese Zeit für mich frei. Und du bist doch das Dämchen, das so beredt davon spricht, daß ich einen Job brauche, wenn du dich daran erinnern möchtest. *Er trinkt.*

MRS. SHERIDAN Der Meister im Geschwätz! Es würde dir nicht wehtun, nur ein einziges Mal hier draußen zu bleiben, wo du doch weißt, daß ich völlig allein bin und, verdammt noch mal, nichts zu tun hab!

MR. SHERIDAN Ach bitte – ist das nicht übertrieben? Da ist immerhin das kleine musikalische Intermezzo mit deinem Freund von nebenan.

Türglocke.

MRS. SHERIDAN Ach, Bert, um Himmels Willen, hör auf, so zu reden! Du weißt genauso gut wie ich – *Die Türglocke läutet. Sie hört mitten im Satz auf zu reden.*

MR. SHERIDAN *winkt hinüber zur Tür* Dort ist dein Patient.

MRS. SHERIDAN Ja, ich weiß. *Niedergeschlagen geht sie zur Tür. Sie sieht die Whisky-Flasche, nimmt und versteckt sie hinter dem Cocktail-Shaker. Sie öffnet die Tür. Sister tritt ein. Sie trägt ihren »besten« Hut und Mantel und hält einen Notenband. Sie verhält sich Mrs. Sheridan gegenüber immer herablassend. Sie weiß, was ihre Mutter von der Dame hält.* Na hallo, Sister. Wie gehts?

SISTER *kommt ins Zimmer* Oh, ziemlich gut.

MRS. SHERIDAN Das ist schön. Möchtest du deine Sachen ablegen?

SISTER Es ist mein bester Mantel. Sie müssen ihn sorgfältig aufhängen. *Mrs. Sheridan hilft ihr beim Ablegen. Sister ist in ein gräßliches, weißes rüschenbesetztes Kleid gehüllt, mit einer großen, gestärkten, leuchtend rosa*

Schärpe, eine rosa Schleife hält ihr Haar streng zurück von Stirn und Ohren. Sie kommt sich großartig vor. Mr. Sheridan sieht sie voll Entsetzen an.

MR. SHERIDAN Gütiger Gott! *Er steht auf, nimmt sein Glas und geht zur Treppe.*

SISTER *zu Mrs. Sheridan* Wird er mir nicht zuhören, wenn ich mein Stück spiele?

MRS. SHERIDAN Nein, Sister, ich glaube nicht, komm her. *Er geht die Treppe hoch. Mrs. Sheridan sieht ihm nach. Sie würde am liebsten weinen.* Also, Sister, sollen wir es durchgehen? Wollen wir anfangen?

SISTER *sitzt auf dem Klavierstuhl* Ich gehe auf eine Party.

MRS. SHERIDAN *steht neben Sister am Klavier* Na, ist das nicht fein –

SISTER Es ist bei den Carters.

MRS. SHERIDAN Ja, das hat mir dein Vater gesagt.

SISTER Meine Mutter möchte, daß ich mein Stück spiele.

MRS. SHERIDAN Ja, das wird toll sein für die anderen Kinder – *Sie setzt sich zum Klavier. Sister stellt die Noten aufs Gestell und rückt mit großer Sorgfalt die Schärpe und die Rüschen zurecht. Sie muß sich mehrmals wieder erheben, dreht den Stuhl erst höher, dann niederer, schiebt ihn dann Zentimeter-Bruchteile näher ans Klavier und schließlich wieder genau dahin zurück, wo er vorher war.* Nun mach mal, Sister. Welches war dein Stück? *Sie schlägt die Noten auf.*

SISTER »Der fröhliche Landmann.«

MRS. SHERIDAN Ach ja. Das ist ein schönes Stück. Also gut – schieß los.

SISTER *sieht sie voll Geringschätzung an* Die Carter-Kinder sagen, »schieß los«. Meine Mutter sagt, für mich gehört sich das nicht.

Mrs. Sheridan Also gut – war mein Fehler. Jetzt laß uns das Stück hören. *Sister spielt ein paar Takte, sehr langsam und laut.* Ach komm, Sister – erinnere dich, was ich dir letztes Mal gesagt habe! Mach es schneller.

Sister Es heißt »Lebhaft, aber nicht zu schnell«. So steht es in den Noten. Meine Mutter hat es auch gesehen.

Mrs. Sheridan Ja, gut, aber du kannst es schneller nehmen als so, oder? Er kommt nach Hause von der Arbeit, verstehst du? Und es ist ein *fröhlicher* Landmann, verstehst du? Sieh mal, damit soll eine kleine Geschichte erzählt werden. Jetzt erzähl du mal, was du glaubst, worum es geht.

Sister *schwankt hin und her auf ihrem Stuhl* Oh – da ist dieser Mann – und er ist ein Landmann – und –

Mrs. Sheridan *Was* für ein Landmann?

Sister Ein fröhlicher Landmann.

Mrs. Sheridan Also! Das ist der Inhalt des Stückes, Sister, spürst du das nicht?

Sister M-hm –

Mrs. Sheridan Jetzt mach weiter. Was tut dieser fröhliche Landmann?

Sister Oh – ich weiß nicht.

Mrs. Sheridan Aber ja, du weißt es, Sister. Er kommt von seiner Arbeit nach Hause, oder?

Sister Ich denke.

Mrs. Sheridan Ja natürlich tut er das. Und er ist froh, nach Hause zu kommen, ja? Er hat den ganzen Tag über hart gearbeitet, gepflügt und all das, und natürlich wird er froh sein, nach Hause zu kommen, ja? Wärest du nicht auch froh?

Sister Ich denke.

Mrs. Sheridan Also, da haben wir es. Und nun, anstatt es

mir zu sagen, versuchst du, mir mit dem Klavier diese kleine Geschichte zu erzählen. *Sister beginnt wieder. Mrs. Sheridan steht auf und geht nervös vor und zurück; gelegentlich sieht sie nach oben. Sister verlangsamt das Tempo gegen Mitte des Stücks. Mrs. Sheridan wird darauf aufmerksam und sie geht entschiedener hin und her; dabei klatscht sie in die Hände, um das richtige Tempo zu akzentuieren. Eins* und *zwei* und *drei* und *vier!* Und *eins* und *zwei* und *drei* und *vier!* Und be-eilen, Sis-ter, be-eil dich! Und *eins* und *zwei* und *drei* und *bei-de* Hände – Zu-*sammen,* bitte – und *vier. Sister spielt gräßlich daneben.* O Sister! *Sister hört auf. Mrs. Sheridan läuft zu ihr.* Jetzt aber, weißt du nicht mehr, was für Schwierigkeiten du mit dieser Stelle gestern hattest? Sieh mal, Sister, hier – was für eine Note ist das? *Sie deutet auf das Notenbuch.*

Sturmläuten an der Tür.

SISTER Och – weiß ich nicht –

MRS. SHERIDAN *ihre Geduld schwindet* Du weißt es, Sister. Du weißt es genau. Es ist ein E.

SISTER E.

MRS. SHERIDAN *geht nach links. Sister versucht es wieder und trifft die falsche Note. Mrs. Sheridan läuft zu ihr* Um Gottes Willen, Kind, was ist denn bloß los?

SISTER *sieht sie kühl an* »Gott« ist geflucht. Miss Mawhinney hat es gesagt.

MRS. SHERIDAN Ach – das tut mir leid – das wollte ich nicht. Aber du willst doch, daß es richtig wird, oder?

SISTER Ich habe es heute morgen meiner Tante Ada vorgespielt. Meine Tante Ada hat nicht gesagt, daß es falsch ist.

Mrs. Sheridan Jetzt laß uns noch mal ganz von vorne anfangen. Einverstanden? Oh, der Stuhl steht gut so. Also los – *eins* und *zwei* – weiter so – und *vier* und *eins!* Linke Hand hervortreten lassen – vier und eins und – *Es läutet. Sister hört sofort auf.*

Glocke.

Sister Das ist meine Mutter. *Sie steht auf.* Sie holt mich ab – Bestimmt, das ist meine Mutter –

Mrs. Sheridan Ah – darauf habe ich gerade noch gewartet. *Sie streicht ihr Haar zurück, schiebt ihren Gürtel gerade und geht zur Tür. Harriet und Ada treten ein. Sie tragen ihre »guten Hüte«. Ada trägt den Mantel, den sie im 1. Akt anhatte. Harriet einen einfachen, zweckmäßigen dunklen Mantel und einen schwarzen Luchs. Ihr Gesicht glänzt frisch gewaschen, sie hat sich gezielt zurechtgemacht.* Oh, Guten Tag Mrs. Graham. Guten Tag, Mrs. – *Sie verbeugt sich vor Ada, an deren Namen sie sich nicht erinnert.*

Ada Tag. *Sie sieht sich im Zimmer um. Es entgeht ihr nichts.*

Harriet Na, unser großes Mädchen, ist es hier? *Sister läuft auf sie zu und hängt ihr an der Taille. Harriet küßt sie und zupft ihr die Haarschleife zurecht.* Und wie geht es dir, Schäfchen? Nicht zu müde? Du lieber Himmel, die ganzen Schulaufgaben und ihre Musikstunden – und jetzt diese Party! Wenn wir uns bloß noch hinsetzen könnten und ausruhen für eine Minute, ehe wir gehen –

Mrs. Sheridan Oh – bitte nehmen Sie doch Platz, ja?

Harriet Ich denke schon, wir könnten uns setzen; wir werden Sie nur eine Sekunde lang aufhalten. Ruh dich aus, Sister, sei Mutters liebes Mädchen. Setz dich ruhig. *Harriet setzt sich, Sister sitzt auf der Armlehne ihres Sessels. Ada sitzt gegenüber. Mrs. Sheridan sitzt unruhig auf dem Sofa.* Leg lieber deinen Mantel ab, Ada; sonst hast du nichts mehr davon, wenn du wieder hinausgehst. Meine Güte, für heute komme ich das erste Mal zum Sitzen! Annie ist gleich nach dem Frühstück losgestürzt zu irgendeiner von diesen ewigen Hochzeiten.

ADA Ich sag dir ja, Het, du machst zu viel.

HARRIET *zu Mrs. Sheridan* Meine Schwester sagt mir dauernd, daß ich unseren Papi einfach zu sehr verwöhne. *Sie lacht.*

SISTER Tante Ada hat es Papi heute morgen gesagt. Ich hab es gehört. *Harriet lächelt und tätschelt Sister.*

ADA Ja, wirklich, ich habe ihm schon das eine oder andere gesagt, seit ich hier bin. Es schadet nicht, wenn Ed zu hören bekommt, wo es langgeht.

MRS. SHERIDAN Es tut mir leid, daß Mr. Graham so erkältet war.

HARRIET Ach du lieber Gott, wenn er niest, denkt er, daß er stirbt.

ADA *lacht* Drei Tage lang ist er vom Büro zu Hause geblieben. Hat sich von Kopf bis Fuß bedienen lassen! Henry – also wirklich, ich muß keinen Finger rühren, wenn Henry im Haus ist.

HARRIET Unser Papi schafft die kleinste Kleinigkeit nicht allein. *Sie lacht.* Es würde mich überhaupt nicht wundern, wenn unsere wunderbare Lammkeule total verschmort wäre, bis wir zurückkommen. Es würde ihm wirklich ähnlich sehen, sie zu vergessen.

ADA Ach, er würde seinen Kopf vergessen, wenn er nicht

angewachsen wäre *zu Mrs. Sheridan* Tja, wir haben Sie gar nicht mehr zu Gesicht bekommen, seit Ihr Telephon in Ordnung ist.

MRS. SHERIDAN Nein – ich fürchte, ich habe Sie scheußlich oft belästigt, als ich jedesmal rüberkam.

HARRIET *lacht* O du liebe Güte, machen Sie sich darüber keine Sorgen. Wären Sie es nicht gewesen, dann wäre sonst irgendwas gewesen –

ADA *zu Mrs. Sheridan* Und Ihrem werten Gatten – geht es ihm gut?

MRS. SHERIDAN Ja. Danke.

ADA Na, da müssen Sie aber riesig froh sein, bei all den Krankheiten, die hier herumschwirren.

MRS. SHERIDAN Das ist wohl wahr.

Pause.

ADA Meine Schwester hat mir erzählt, daß Sie von der Bühne kommen, Mrs. Sheridan.

MRS. SHERIDAN Ja, das stimmt.

ADA Tatsächlich? Komisch, irgendwie hat es mich gar nie gereizt, zur Bühne zu gehen; nicht einmal als junges Mädchen.

MRS. SHERIDAN Komisch. Ja.

HARRIET Oh, unser Papi würde sein ganzes Geld fürs Theater ausgeben, wenn wir nicht aufpassen würden. Sister, das ist aber gar nicht höflich, dauernd deiner Mutter zuzuflüstern! Merkst du nicht, daß du fast den feinen Hut von Mutter weggeschubst hast beim Flüstern? Also, was willst du sagen?

SISTER Kann ich ein Glas *Was-ser* haben, hab ich gesagt.

HARRIET Also, wenn du gesagt hast »Bitte, Mrs. Sheridan, *darf* ich ein Glas Wasser haben« –

MRS. SHERIDAN Aber sicher. *Sie steht auf und verschwindet durch die Eßzimmer-Tür. Harriet und Ada sehen einander bedeutungsvoll an. Ada sieht sich im Zimmer um, lächelt dann und schüttelt den Kopf in Richtung Harriet.*

HARRIET *mit gedämpfter Stimme* Ich weiß. Hast du deiner Lebtag schon so etwas gesehen? *Ada schnalzt mit der Zunge.* Was mich fast umbringt – diese Häuser gleichen sich wie ein Ei dem andern. Man hätte dieses Zimmer genauso einrichten können wie unseres, wenn sie nur den geringsten Geschmack gehabt hätte.

ADA Naja, was kann man von diesen Schauspielerinnen erwarten? ... Aber ganz unter uns Gebetsschwestern: wenn *ich* eine der Frauen hier in der Gegend wäre, dann würde ich meinen Mann schwer im Auge behalten, *das* kann ich dir sagen.

HARRIET Genau, tu ich auch! Als eine der Frauen von hier... Sister, warum zerrst du mich denn? Kannst du denn nicht warten, bis Mutter ausgeredet hat, und dann höflich fragen?

SISTER *mit düsterem Nicken in Richtung Eßzimmer-Tür:* Sie hat geflucht über mich.

HARRIET *entsetzt* Was?

SISTER Ja, hat sie. Während ich mein Stück gespielt habe. Sie hat gesagt – *Sie flüstert Harriet etwas ins Ohr und setzt sich wieder in die alte Position.* Miss Mawhinney sagt, daß das geflucht sei, sagt sie.

HARRIET Aber natürlich ist es das! *zu Ada* Hast du das gehört? Über die arme kleine Sister fluchen!

ADA Das hätte ich dir vorher sagen können.

HARRIET Schön – ich denke, daß damit unsere Musikstunden beendet sind.

ADA Ich habe dir gesagt, daß du das tun mußt, seit der ersten Minute, als ich sie sah.

HARRIET Mutters armes kleines Schäfchen! – Lieber Himmel, wie lange braucht sie denn noch für ein Glas Wasser?

ADA *lachend* Wetten, daß in ihrer Küche ein solches Durcheinander ist, daß sie kein Glas findet.

HARRIET Also wir können hier nicht den ganzen Tag warten – hol mir deinen Mantel, Sister, ich werde ihn dir anziehen, damit dein hübsches Kleid nicht zerdrückt wird – *Sister geht zum Garderobenschrank und holt den Mantel.* Gefällt dir unser Mantel, Tante Ada? Das ist unser bestes Stück. Wir haben ihn groß genug und in guter Qualität genommen, dann kann er nächstes Jahr noch als Werktags-Mantel getragen werden. Er wird gerade richtig für die Schule.

ADA Sehr hübsch – sehr geschmackvoll.

HARRIET Sehen wir nicht hübsch aus? – Sister, was *ist* denn los mit diesen Strümpfen? Du wirst doch nicht mit einer krummen Naht zur Party wollen, oder? Was werden die Leute von dir denken? Komm her. *Sie hebt Sisters Rock hoch und zupft an ihren Strumpfhaltern rum. Mr. Sheridan kommt die Treppe herunter. Er trägt Mantel, Weste und Krawatte; sein Haar ist feucht und glänzend.*

ADA *sieht ihn herunterkommen* Harriet! Harriet!

HARRIET *sieht hoch, erblickt Sheridan und schnappt nach Luft.* Oh! *Sie läßt rasch Sisters Rock fallen und schiebt sie zur Seite.* Oh, guten Abend, Mr. Sheridan. Na, Sie sind ja ein ganz Fremder.

MR. SHERIDAN Guten Tag, Mrs. Graham. *Er benimmt sich leicht arrogant. Diese Leute stehlen ihm nur Zeit.*

Harriet *lacht auf die ihr bestmögliche, gehobene Weise.* Ich glaube, Sie kennen meine Schwester noch nicht – Mrs. Towseley. Darf ich vorstellen: Mr. Sheridan –

Ada Mr. Sheridan, ja gewiß ...

Harriet Mrs. Towseley ist eine große Reisetante. Sie kommt den ganzen Weg her von New Bedford, Massachusetts.

Mr. Sheridan Tatsächlich! Das machen viele. *Er verbeugt sich zu Ada.*

Harriet Na – und was machen Sie an diesem schönen Nachmittag?

Mr. Sheridan *geht zum Garderobenschrank* Ach – ich muß unglückseligerweise in die Stadt wegen geschäftlicher Angelegenheiten. Das ist wirklich zu dumm. *Er geht in die Garderobe und holt Hut und Überzieher.*

Harriet Ach, da verlassen Sie uns schon? *Sie lacht.* Das Musikstück hat Ihnen doch sicher gefallen. Sister ist herübergekommen, um ihr Stück noch einmal durchzuspielen – sie geht auf eine Party.

Mr. Sheridan *aus der Garderobe* Ja, ich habs gehört. Die ganze Stadt hat es mitbekommen.

Harriet *lacht* Oh, sie ist eine recht fleißige, junge Dame, Mr. Sheridan! Ich habe mir ein bißchen Sorgen gemacht, ob diese Party nicht zuviel für uns sein könnte, aber solange wir versprochen haben, nicht ganze Wagenladungen zu verschlingen – Sie wissen ja, dann bekommt sie Magenbeschwerden, und dann geht alles aus den Fugen. Wenn sie dahin geht und das ganze Eis und all das Zeug ißt, dann gehts bei uns die ganze Nacht rund – hinlegen und wieder raus, hinlegen und wieder raus!

MR. SHERIDAN Ja, ich liebe Kinder!

Mrs. Sheridan kommt mit einem Glas Wasser.

MRS. SHERIDAN *gibt Sister das Wasser* Tut mir schrecklich leid, aber es dauert immer ewig, bis kaltes Wasser kommt.

HARRIET Oh, trinken Sie es direkt aus dem Wasserhahn? Wir kochen unsers immer. Aber nicht zuviel, Sister! Wir dürfen unseren Magen nicht vollpumpen.

MRS. SHERIDAN *sieht Mr. Sheridan an* Ah, du – gehst in die Stadt?

MR. SHERIDAN *ist sicher, daß es vor den Leuten nicht zu einer Szene kommt* Ja, genau, mein Schatz. Ich habe gedacht, ich nehme vielleicht den Drei-Uhr-Dreißiger – und gehe schon mal gemütlich los zum Bahnhof. Es ist ein so schöner Tag für einen Spaziergang. *Er lächelt ihr innig zu.*

MRS. SHERIDAN Weißt du ungefähr, wann du zurück sein wirst?

MR. SHERIDAN Na ja, ich werde natürlich rauskommen, sobald ich kann. Aber es könnte ziemlich spät werden. Mach dir nicht die Mühe, auf mich zu warten.

MRS. SHERIDAN Nein. Nein – tu ich nicht.

MR. SHERIDAN Also dann – guten Abend. *Er verbeugt sich gegenüber Ada und Harriet.* Ich hoffe, es wird keine krankhaften Auswirkungen nach der Party geben.

HARRIET Ach, mein Gott, wir gehen genau denselben Weg, Mr. Sheridan. Warten Sie eine Minute und wir begleiten Sie bis vorne zur Ecke. *Sie knöpft ihren Mantel zu.*

MR. SHERIDAN *hastig* Das ist schrecklich nett von Ihnen,

Mrs. Graham – aber ich fürchte, wir kommen ins Reden und ich verpasse meinen Zug. Auf Wiedersehen. *Er küßt Mrs. Sheridan auf die Wange. Sie steht völlig unbewegt und ausdruckslos da.* Wiedersehen.

MRS. SHERIDAN Auf Wiedersehen. *Er geht.*

HARRIET Also Ada, bist du soweit? *Ada steht auf.* Jetzt komm, Sister. Hast du deine Noten? So, wir möchten uns verabschieden, Mrs. Sheridan ... Schlag deinen Kragen richtig hoch, Sister, wenn wir jetzt hinaus ins Freie kommen aus diesem heißen Zimmer.

MRS. SHERIDAN Auf Wiedersehen. Wiedersehen, Sister. *Sie folgt zur Tür nach. Harriet geht hinaus und schiebt Sister vor sich her.*

ADA *sich verbeugend* Mrs. Sheridan.

MRS. SHERIDAN Oh – Auf Wiedersehen, Mrs. – *Ada geht hinaus. Mrs. Sheridan setzt sich aufs Sofa und versucht zu lesen. Plötzlich steht sie auf und geht zum Telephon.* HOMECREST 350, Abschnitt W – Ja, bitte – Hallo, 350 Abschnitt W? ... Hallo, Mr. Graham! Oh, ich wußte nicht, daß Sie meine Stimme kennen ... Das ist furchtbar lieb von Ihnen ... Na, und was machen denn Sie überhaupt? Ich bin ganz alleine hier und ich bin so niedergeschlagen, ich bin bald soweit und schneid mir die Pulsadern auf ... Warum kommen Sie nicht herüber? Ist doch sinnlos, wenn wir beide einsam sind ... kommen Sie doch herüber und heitern Sie mich auf ... Ah – das würde mir sehr gefallen! Das wäre fabelhaft ... Bringen Sie sie mit herüber und wir fetzen los mit Musik ... *Die Türglocke läutet.* O Gott, es klingelt! Ach, Sie sind ein Schatz. Also gut. Beeilen Sie sich ... Wiedersehen! *Sie legt auf und geht – vor sich hin summend – die Tür öffnen.*

Bill Sanders steht da. Er arbeitet in der hiesigen Garage und sieht entsprechend aus. Er ist kampflustig gestimmt.

BILL Ist Mr. Sheridan da?

MRS. SHERIDAN Nein, im Moment nicht.

BILL Wann kommt er zurück?

MRS. SHERIDAN Tja, er ist in die Stadt gefahren – Ich weiß nicht, wann er zurückkommt.

BILL Sie sind Mrs. Sheridan?

MRS. SHERIDAN Ja. Warum?

BILL Tja – also, ich komme von der Eureka-Garage – *Sie sieht ihn verständnislos an. Er wird ungeduldig.* Ich komme von der Eureka-Garage. Ich komme von der Eureka-Garage!

MRS. SHERIDAN Ja, ist ja gut. Wie war die Reise?

BILL Jetzt hören Sie mal, Lady. Ich habe hier einen Scheck, den mir Ihr Mann geschickt hat – *Er nimmt ihn aus der Tasche.* Und er wurde mir als »nicht gedeckt« zurückgegeben.

MRS. SHERIDAN Tja – n guter Witz, was?

BILL Hören Sie, Lady. Ich bin nicht herausgekommen, um mir dummes Geschwätz anzuhören. Meine Zeit ist kostbar. Sehen Sie sich diesen Scheck an. Er ist nicht gedeckt! *Er zeigt ihn ihr.*

MRS. SHERIDAN *Sie nimmt ihn und prüft ihn.* Nicht gedeckt? Der ist doch gefälscht!

BILL Tja, wie wärs, wenn wir dagegen etwas tun würden?

MRS. SHERIDAN Naja, was soll ich denn tun? Ich weiß überhaupt nichts davon. Wofür schuldet er Ihnen das Geld überhaupt?

BILL Er hat letzten Monat bei uns ein Auto gemietet.

MRS. SHERIDAN *starrt auf den Scheck* Sechzehn Dollar? Was hat er gemacht – wollte er es kaufen?

BILL *verbittert* Er hat einen Wagen bei uns gemietet und ließ sich von uns nach New York fahren, und dann hat er uns einen gefälschten Scheck geschickt. Können Sie sich das erklären?

MRS. SHERIDAN Tja, tut mir schrecklich leid, daß Sie damit kein Glück haben. Aber ich kann nicht erkennen, was das mit mir zu tun hat. Ich sehe nicht, was ich da tun soll.

BILL *an der Tür* Jetzt hören Sie mal, Lady, es ist nicht besonders fein, gefälschte Schecks herumzuschicken. Das ist für keinen gut. Manch einer kommt wegen geringerer Dinge ins Gefängnis.

MRS. SHERIDAN *an der Tür* Schön – ich werde es meinem Mann sagen, sobald er nach Hause kommt, und er wird die Sache sicherlich klären.

BILL O ja, das kennen wir, diese Klärungsangelegenheiten, aber meine Zeit ist Geld – so sieht meine Zeit aus. Ich hab den ganzen Weg hierher gemacht, um die Sache zu regeln.

MRS. SHERIDAN Naja, aber das ist nicht meine Angelegenheit.

BILL Also gut, Lady – wenn Sie die Sache so sehen. *Er wendet sich ab, als wolle er gehen.* Aber es wird ein Vollstreckungsbeamter mit einem Haftbefehl hier herauskommen, sobald ich einen bekomme. Das ist alles, was ich noch tun kann.

MRS. SHERIDAN Aber das können Sie doch nicht tun! Man kann doch Leute nicht wegen so einer Kleinigkeit einsperren!

BILL O ja, es gibt einige Jungs, die jetzt Steine klopfen und einmal so geredet haben. Die können dich nicht einsperren – können sie nicht? Da wollte so einer der

Acme-Garage in Hazelhurst einen gefälschten Scheck andrehen. Er kommt irgendwann Ende nächsten Monat wieder frei. *Er will die Tür öffnen.*

MRS. SHERIDAN Ach – warten Sie ne Minute. Hören Sie, ich habe überhaupt kein Geld, das ich Ihnen geben könnte. Ich verstehe nicht, warum man von mir erwartet, daß ich etwas unternehmen soll.

BILL Ja gut, ja gut, wenn Sie es so sehen. Vielleicht ist es Ihnen egal, wenn Ihr Mann mal eine Zeitlang verschwindet. *Er will gehen.*

MRS. SHERIDAN Gut, schauen Sie – warten Sie lieber noch ne Minute. Ich will nachsehen, ob ich so viel Geld habe. *Sie geht langsam die Treppe hoch.*

BILL So ist es richtig, Lady. Sie ersparen Ihrem Mann viel Ärger. *Er wartet auf sie, sieht sich im Zimmer um, hebt verschiedene Dinge hoch und prüft sie genauer. Die Türglocke läutet. Bill ruft.* Ich geh schon, Lady. Sie müssen sich nicht beeilen. *Er öffnet die Tür. Da steht Ed mit seiner Mandoline in der grünen Hülle. Er hat ein erwartungsvolles Lächeln aufgesetzt, das sich ins Mißlaunige verzieht, als er Bill sieht.* Oh, hallo, Mr. Graham.

ED Oh, hallo, Bill. *Er tritt ein und setzt sich, ihm ist unbehaglich zumute.*

BILL *kommt zu Ed und redet vertraulich* Was für ein Ansehen haben die hier? Der Kerl hat mit gefälschten Schecks bezahlt.

ED Geh weiter!

BILL Hat versucht, die Garage für 16 Kröten reinzulegen. Hat er von Ihnen schon mal was gepumpt?

ED Ach wo – nein. Ehrlich, das muß irgendein Fehler sein.

BILL O ja, seinen großen Fehler hat er gemacht, als er diesen Scheck ausschrieb. Das ist nicht die feine Art.

Mrs. Sheridan kommt die Treppe herunter. Sie sieht Ed und strahlt sofort.

MRS. SHERIDAN Oh, hal-lo! Jeh, bin ich froh, daß Sie gekommen sind. Nun legen Sie schon ab – ich bin gleich für Sie da. *Ed zieht langsam seinen Mantel aus. Mrs. Sheridan geht zu Bill.* Also ich bin wirklich verrückt – ich hab das alles ganz vergessen. *Sie reicht ihm eine 20-Dollar-Note.* Und jetzt fällt mir wieder ein, daß er irgendwas von einer Werkstatt-Rechnung gesagt hat, aber er mußte so schnell weg, daß ich gar keine Zeit hatte, ihn zu fragen, was er damit meint.

BILL Ahja. *Er grinst ihr ins Gesicht.* Wetten, daß er es genau gewußt hat. *Er nimmt ein Bündel Scheine heraus und zählt vier ab.* Siebzehn, achtzehn, neunzehn, zwanzig. Das war es, Lady. Jetzt ist alles in Ordnung.

MRS. SHERIDAN Ja. Jetzt ist alles gut.

BILL Also – besten Dank. Wann immer Sie einen Wagen mieten wollen, rufen Sie einfach bei uns an. Bei Eureka werden Sie zuvorkommend und prompt bedient. Auf Wiedersehen, Mr. Graham.

ED Wiedersehn, Bill. *Bill geht hinaus.*

MRS. SHERIDAN *setzt sich* Kennen Sie den Jungen?

ED Bill. Jaja. Er arbeitet drunten in der Garage bei Eureka.

MRS. SHERIDAN Ja, das hab ich mitbekommen – *Sie steckt sich das Geld in den Ausschnitt.* Man kann nur noch zu Gott beten an so einem Abend! Ach, wirklich – das war nett von Ihnen, daß Sie gekommen sind! Herrgott, war ich fertig!

ED Ich war selbst irgendwie niedergeschlagen.

MRS. SHERIDAN Wirklich? Hm-m – und wo liegt das Problem?

ED Ach, ich weiß nicht. Meine Erkältung und dies und das – Ada – Hets Schwester – Sie haben sie hier ja wohl erlebt.

MRS. SHERIDAN O ja. Ich habe sie erlebt. Sie zieht sicher ein bißchen Regen nach sich ins Haus. Nörgelt sie an Ihnen rum?

ED Ach – wahrscheinlich meint sie es gut – geht einem aber irgendwie auf die Nerven, wenn jemand von morgens bis abends auf einem rumhackt. Was man auch tun will, es ist irgendwie falsch.

MRS. SHERIDAN Ach, lassen Sie sich unseren Nachmittag nicht von ihr kaputtmachen. Wir machen es uns jetzt schön – was? Sie und ich. Schließlich waren Sie krank und alles!

ED Nein, ehrlich, es geht mir wieder gut. Aber Sie wissen ja, wie man sich bei diesen Erkältungen fühlt.

MRS. SHERIDAN Es hat mir so leid getan. Wenn ich bloß etwas für Sie hätte tun können.

ED Ehrlich, Sie tun sehr viel für mich! Sie waren reizend zu mir.

MRS. SHERIDAN *lacht* Wer, ich? Hier – bitte! Was kann ich Gutes für Sie tun? Ein kleiner Scotch. Wie wärs mit einem kleinen Highball? Kommen Sie, das hilft uns beiden wieder auf die Beine. *Sie steht auf und geht zum Tisch.*

ED Naja, wirklich – naja, ich weiß nicht. Ja, doch, bestimmt. Ich glaube auch.

MRS. SHERIDAN *im Stehen* Also gut. So, wo hab ich ihn denn hingetan? Ah – *Sie findet die Flasche.* Ich hab ihn verstecken müssen, als der Besuch kam. *Sie hält die Flasche gegen das Licht.* Lieber Gott, Bert muß den Scotch in sich reingeschüttet haben! Heute morgen war die

Flasche noch voll! Naja, ich glaube, es reicht noch, uns über die Runden zu bringen. *Sie nimmt den Siphon und bereitet zwei Highballs.* Hier – für Sie, Mr. Graham. Runter damit.

ED Gut – *Er nimmt einen Schluck und schüttelt sich.* Ehrlich, ziemlich gut – diese Angelegenheit.

MRS. SHERIDAN Doch ja. Wir können den Lebensmittelhändler nicht bezahlen, aber wir haben guten Scotch. *Sie setzt sich.*

ED *nimmt noch einen Schluck* Wirklich – ich hatte keinen Drink mehr seit – ich weiß nicht, seit wann. Ich hab das früher auch ganz gern gemocht. Man braucht mir nur ein Glas kühles, gutes Bier zu geben, mit dem ich abends irgendwo rumsitze, wo eine Band spielt, und ich wäre wunschlos glücklich... Naja, angeblich geht es einem ohne all das genauso gut.

MRS. SHERIDAN Nein, tut es nicht!

ED Naja – *Er lacht.* Tja, ich glaube es auch nicht. *Er nimmt noch einen Drink.*

MRS. SHERIDAN Alles ist gut, was es einem ein bißchen leichter macht, sag ich mir. Wissen Sie, wenn wir – Sie und ich – irgend etwas finden, was uns glücklicher sein läßt, dann müssen wir es uns nehmen! Wollen Sie nicht eine Pfeife rauchen?

ED Gerade habe ich mich gefragt, ob das wohl möglich wäre. *Er sieht sie bewundernd an.* Ehrlich, Sie denken an alles.

MRS. SHERIDAN Ach, halb so wild. *Er stopft seine Pfeife und fingert nach Streichhölzern. Er hat keine.* Oh – hier. *Sie springt auf, nimmt eine Schachtel Streichhölzer, geht zu Ed und gibt ihm Feuer für die Pfeife; dann legt sie die Streichhölzer zurück.*

Ed Ah – Danke. *Er sieht sie an.*

Mrs. Sheridan Sehn Sie mal, so können Sie es ja überhaupt nicht bequem haben. Hier – warten Sie. *Sie geht zum Sofa und holt ein Kissen.* Ich richte es Ihnen zurecht. *Sie legt das Kissen hinter seinen Rücken und drückt ihn ins Kissen zurück.* So – jetzt ist es schon besser. *Sie geht zu ihrem Sessel.*

Ed Ehrlich, Sie wissen, wie man es machen muß, daß sich jemand so richtig zu Hause fühlt.

Mrs. Sheridan Tja, auf die Gelegenheit habe ich immer gewartet. Wo sind denn überhaupt die Zigaretten? Herrgott, sicher hat Bert die letzte Zigarettenpackung mitgenommen. Ist halt einfach ein großzügiger Knabe, wahrhaftig! *Sie sucht nach Zigaretten und setzt sich dann in den Sessel.*

Ed *steht auf und geht zu ihr hinüber* Hm, was sagen Sie jetzt, ich hab welche für Sie; gleich besorgt am nächsten Tag, als Sie da waren. *Er nimmt eine Schachtel Zigaretten aus der Tasche.* Hab sie immer mit herumgetragen, falls Sie mal reinkommen, oder so. *Er sieht sie leicht besorgt an.* Der Kerl hat gesagt, diese verkaufen sie viel an Damen.

Mrs. Sheridan Ach, haben Sie die wirklich für mich besorgt? Also Sie sind so lieb! Gleich brech ich in Tränen aus. Ehrlich, Sie sind der einzige Mensch, der mir ein freundliches Wort sagt, seit Jahren ... Eh – wie kommt es überhaupt, daß Sie je in dieser Wüste gelandet sind?

Ed Hm – ich weiß nicht. Es ist gar nicht so schlecht hier, wenn man sich daran gewöhnt hat. Viele Leute leben ihr Leben lang an solchen Orten. Leben da und sterben da –

Mrs. Sheridan Und wie können die das eine vom anderen unterscheiden?

Ed Naja – hm – tja! *Er lacht.*

Mrs. Sheridan Überhaupt – wie halten Sie das aus?

Ed Naja – ich bin, glaube ich, nicht so schlecht weggekommen – einerseits. Ich habe mein Haus, eine Frau und eine Familie.

Mrs. Sheridan Ahja. Wie lange sind Sie schon verheiratet?

Ed Eh – es werden, glaube ich, dreizehn Jahre. *Er macht eine Geste der Hilflosigkeit.* Davor habe ich in Hazelhurst gewohnt. – Harriet – sie hat direkt gegenüber an der Straße gewohnt.

Mrs. Sheridan Ich verstehe – Jeh, dreizehn Jahre. Das ist eine lange Zeit, dreizehn Jahre. Und man hat Sie nicht irgendwie ausgezeichnet für gutes Benehmen? ... Eh, was soll das leere Glas bedeuten? Nehmen Sie noch was. *Sie nimmt sein Glas, geht zum Tisch und gießt nach.*

Ed Genau. Ehrlich, trinkt sich ziemlich gut.

Mrs. Sheridan Prima! *Sie füllt das Glas und gibt es ihm; geht zurück zum Sessel und setzt sich.* Es ist schön so, finden Sie nicht? Gott, es ist wunderbar, wenn man einen netten Menschen hat, mit dem man reden kann. Sie wissen gar nicht, wie Sie mir damit geholfen haben, daß Sie heute nachmittag herübergekommen sind.

Ed Und ich glaube, Sie wissen nicht, wie mir dabei zumute ist. Ehrlich, ich weiß nicht, wann mir so etwas wie heute hier je passiert ist. *Er nimmt einen Schluck.*

Mrs. Sheridan Ich habe gewußt, daß wir prima miteinander auskommen würden. Witzig, wie so etwas geht.

Ed Ja, witzig ... Und auch ziemlich schön.

MRS. SHERIDAN Tja, mit Sicherheit haben Sie heute ein Leben gerettet. Huch, ich bin eine ganz andere Frau, seit Sie gekommen sind. Ich war wirklich ganz zerstört. Mein Märchenprinz ist in die Stadt gefahren. Er trifft sich wieder mit diesem Mann. *Sie lacht.* Wird mit ihm eine kurze Besprechung das Wochenende über haben – Also, was meinen Sie, sollen wir loslegen mit einem bißchen Musik? *Sie steht auf.*

ED Hm – *Er lacht nervös.* Ich bin nicht sehr gut. Ich – ich bin kein Profi.

MRS. SHERIDAN Ach los – ganz sicher sind Sie prima. Kommen Sie. *Sie gibt ihm die Mandoline.* Packen Sie sie aus und kommen Sie rüber. *Sie geht zum Klavier.* Nehmen Sie Ihr Glas mit.

ED *geht zum Klavier, er entfernt die Hülle von der Mandoline, nimmt sein Glas und folgt ihr* Ehrlich, ich denke, Sie müssen nachsichtig mit mir sein. Ich bin sozusagen aus der Übung – ich weiß nicht, seit wann ich dieses Ding nicht mehr in der Hand hatte. Irgendwie geht man den Leuten auf die Nerven damit.

MRS. SHERIDAN Ja, das ist wirklich schlimm. Sie müssen unbedingt damit weitermachen – Was sollen wir spielen?

ED Naja, diese neuen Sachen kenne ich nicht so gut. Ich hab immer – ich konnte dieses »Blue Danube« immer ganz gut von vorn bis hinten spielen. Kennen Sie das überhaupt?

MRS. SHERIDAN Aber ja. Das war immer eins meiner Lieblingsstücke. So ein bißchen sentimental, oder?

ED Genau. Genau das hab ich auch immer gedacht. Ich weiß nicht, ob das so die richtige Tonlage ist – *äußerst sorgfältig probiert er einige Töne durch.*

MRS. SHERIDAN Soll ich Ihnen das A geben?

ED Ja. A oder sonstwas. *Sie schlägt eine Taste an. Er versucht, an ihren Ton heranzukommen. Er schüttelt leicht dümmlich den Kopf und versucht es noch einmal. Er kommt der Sache etwas näher, keinesfalls ganz nah. Stolz.* Da – ich glaube, so stimmt es.

MRS. SHERIDAN Als dann. Schießen Sie los! *Sie spielt ein paar Takte. Auch sie ist nicht übermäßig gut. Unvermittelt bricht sie ab.* Na – wo bleiben Sie denn?

ED Tja – ich hab wohl den Einsatz verpaßt.

MRS. SHERIDAN Also gut – dann fangen Sie jetzt an, und ich stoße dazu – *Ed spielt ein kleines Stück weit die Melodie.* Hey, geben Sie den Einsatz an. Welche Tonart spielen Sie denn?

ED Keine Ahnung, ehrlich. Ich habe es halt so gelernt.

MRS. SHERIDAN Also, dann machen Sie jetzt einfach so weiter, nach Ihrer Art, und ich probiere mich hineinzufinden, ja? *Sie spielen zusammen. Wenn Ed falsch spielt, schüttelt er jedesmal den Kopf und lächelt überrascht. Schließlich gibt er es auf.* Hallo, was ist los? Sie bekommen das noch prima hin.

ED Ich glaube, ich hab vergessen, wie es geht. Ich muß es erst wieder ausgraben.

MRS. SHERIDAN Ach, Sie brauchen nur ein bißchen Übung. Das passiert jedem, daß er etwas vergißt. Das wird riesig, wenn Sie es wieder ein wenig drin haben. Lassen Sie es uns nur oft üben.

ED Ehrlich – das müssen wir.

MRS. SHERIDAN Jeh – das ist ein fabelhaftes Lied, dieses »Blue Danube«. *Sie summt es vor sich hin und bewegt dazu die Schultern. Ed sieht ihr bewundernd zu.*

ED Mensch, Sie können singen und alles!

Mrs. Sheridan Gott, ich habe nicht mehr gesungen, seit ich verheiratet bin. Können Sie gut singen?

Ed Ach, ich kann kaum einen Ton halten. Irgendwie habe ich es immer probieren wollen, vor langer Zeit einmal. In einem Chor oder so. Wenn alle zusammen die alten Lieder üben, wissen Sie.

Mrs. Sheridan Nein wirklich, ist das nicht lustig? Genau das mache ich leidenschaftlich gern. *Sie steht auf und wühlt die Notenstapel durch.* Die ältesten Songs der Welt habe ich zum Teil hier. Lassen Sie uns ein paar ausprobieren.

Ed Ehrlich, das wäre prima. Ich habe nicht gerade eine tolle Singstimme. Mal sehen, ob ich eins davon packe. *Er sieht die Noten mit ihr durch.* Oh, hier ist dieses »Juanita«. Das stammt wahrlich noch aus Urzeiten. Früher habe ich dafür manchmal so eine Art Tenorstimme hinbekommen – Ach, hier – da haben Sie »Annie Laurie« und »Just a song at twilight« und »Silver moon«. Sie haben viel gutes Zeug.

Mrs. Sheridan Dieses hier mag ich. »The sunshine of your smile.« Kennen Sie das? *Sie zieht ein Notenheft aus der Klavierbank. Eine Seite daraus fällt hinunter. Beide bücken sich, um sie aufzuheben und berühren sich an den Händen.*

Ed Ich kenne es vom Text her. *Er beugt sich sehr dicht über sie und sieht auf das Blatt.* Jaa, das habe ich schon gehört ... Hören Sie, das ist ein schrecklich gutes Parfüm, das Sie da haben.

Mrs. Sheridan Oh, mögen Sie es? Ach, das freut mich schrecklich.

Ed Also, ich finde es großartig. Ich mag diese Sorte. Was ist es?

Mrs. Sheridan Das benütze ich immer. Fleur d'Amour heißt es – also Blume der Liebe. Irgendwie hübsch, der Name – finden Sie nicht?

Ed Blume der Liebe? Wer wohl solche Namen erfindet… Wirklich, ein guter Name – er paßt. *Sie stehen noch eine Zeitlang dicht beieinander, werden sich dann plötzlich über ihre Situation klar und ziehen sich voneinander zurück.*

Mrs. Sheridan Tja – sollten wir es damit versuchen? *Sie stellt die Noten auf den Halter und setzt sich ans Klavier.*

Ed *kommt hinter ihr her* Naja, also sehen Sie – vielleicht bin ich doch nicht so gut.

Mrs. Sheridan Ach, kommen Sie und versuchen Sie es. Was solls? *Sie dreht sich auf der Klavierbank zu ihm und sieht zu ihm hoch.* Hauptsache es macht Spaß. Auf los!

Ed Genau – ich mache mit. *Sie lächelt ihm zu, wendet sich wieder ab und spielt die Einleitung. Sie singen zusammen, ziehen dabei die Töne lange hin. Ed muß sehr nahe kommen, um die Noten zu sehen. Er sieht auf sie nieder, während sie gerade die sentimentalste Stelle singen. Sie versucht umzublättern, und er greift über ihre Schulter weg und blättert für sie um. Seine Arme streifen ihr Haar.* Ach – tut mir leid. Hab ich Ihnen wehgetan? *Mrs. Sheridan schüttelt den Kopf, lächelt und singt weiter. Er tätschelt ihre Schulter und singt wieder mit. Sie kommen zum Schluß, und sie schwingt sich herum zu ihm.*

Mrs. Sheridan Sagen Sie ehrlich, sind wir nicht ziemlich gut?

Ed Ach, ich bin überhaupt nicht gut – aber Sie sind prima.

Mrs. Sheridan Ach, was reden Sie. Ehrlich, Sie sind gut! Sie klingen fabelhaft! Ach, ich mag Männer, die keine Angst davor haben zu singen!

Ed *zärtlich* Hören Sie, mit Ihnen kann jeder singen. *Wieder bemerken sie, wie nahe sie sich gekommen sind. Sie steht auf.*

Mrs. Sheridan *provozierend* Ach – ich bitte Sie – Sie haben mich gerade an eine gute Zeit erinnert. *Sie geht wieder zu ihrem Sessel.*

Ed Wirklich – ich hätte Sie auf der Bühne sehen wollen! Sie waren garantiert prima.

Mrs. Sheridan *überrascht aber geschmeichelt* Ach, ich war keine Bernhardt, aber ich war ein ganz gutes Ruder-Mädchen in »Little Miss Spitfire«. Jeh, war das eine süße Nummer... Möchten Sie keinen Drink? Bitte, machen Sie sich doch selbst einen Highball.

Ed *ist groß in Stimmung* Und Sie? Wollen Sie nicht mit mir trinken?

Mrs. Sheridan Doch – aber nur einen ganz kleinen Schluck. *Er macht die Drinks zurecht.* Dieser Song kam in der Show vor, da sitzt so ein Junggeselle vor dem Kamin in einem dieser aufgedonnerten Bademäntel, und alle Mädchen, mit denen er je zusammen war, kommen aus den Flammen und gehen um ihn herum. Es war wie im Traum, können Sie sich das vorstellen? *Ed nickt, als sei ihm alles klar. Er gibt ihr ihren Highball.* Es sollte so sein wie in der letzten Nacht vor seiner Hochzeit, und das letzte Mädchen war als Braut verkleidet. Ich habe mir Leute in Brautkleidern immer sehr gerne angesehen, Sie nicht? Sie müßten mich mal auf einer Hochzeit erleben – Ich heule jedesmal die ganze Zeit. Naja, jedenfalls war es ein riesig hübscher Einfall –

wie eine kleine Geschichte. Der Song war ziemlich gut. *Sie singt.*

> Denn mit Mabel spielt ich Tennis
> Und ging oft herum mit Flo,
> Spielte Golf mit einer Schönen,
> Und ich ruderte mit Maude.

Das war ich. Ich war das Ruder-Mädchen. Ich hatte so ein rotes Trikot an. *Sie begleitet alles mit Gesten.* Und kleine kurze blaue Hosen, und weiße Socken bis *hier,* und ich habe ein riesiges Ruder herumgetragen, damit die Leute es verstanden haben.

ED Mensch – ich würde Sie gerne so angezogen sehen.

MRS. SHERIDAN Und dann, für das nächste Lied, haben wir uns zum Tanz formiert. Er machte mit jeder von uns einen ganz bestimmten kleinen Tanz. Passen Sie auf, so etwa – stehen Sie mal schnell auf. *Sie geht zu ihm; dabei summt sie das Lied. Er weiß nicht so recht, was er tun soll, aber er unternimmt ein paar täppische Versuche.* Sehen Sie – so! Es war ganz reizend.

ED Sie waren garantiert prima!

MRS. SHERIDAN Jeeh, ich tanze so gerne! Sie auch?

ED Tja, ich hab schon länger nicht mehr getanzt als ein Hund alt wird ... Ich war ziemlich gut im Reden als Kind. MRS. SHERIDAN Lassen Sie's uns probieren. Ich hab mich so danach gesehnt, wieder zu tanzen. Kommen Sie! *Sie summt und streckt die Arme nach ihm aus. Er legt linkisch den Arm um sie, und sie machen einige falsche Anläufe.* Hey, so ist das überhaupt nichts. Warten Sie, bis wir richtige Musik haben. *Sie geht zum Grammophon und legt eine Jazz-Platte auf.* So – jetzt haben wirs. Also los! *Sie versuchen es wieder.*

ED *beglückt* Ach, ich glaube, ich kann nicht so recht.

MRS. SHERIDAN Natürlich können Sie – Sie können sehr gut. *Sie tanzen ein bißchen länger als einen Augenblick. Plötzlich bleibt er stehen und küßt sie. Die Nadel kratzt auf der Platte. Mrs. Sheridan versucht sich zu entwinden. Er hält sie fester und versucht noch einmal, sie zu küssen.* Oh – wirklich, hören Sie – ich will das Grammophon abdrehen. *Sie schiebt ihn weg und geht zum Grammophon. Er folgt ihr und legt, während sie die Platte abnimmt, seine Arme um sie und küßt sie in den Nacken. Sie macht sich von ihm los.* Hey, Ed, also wirklich. Sollten wir nicht lieber auf unseren Schritt achten?

ED Warum?

MRS. SHERIDAN Aber Sie wissen doch, warum. Geben Sie acht und setzen Sie sich mal und seien Sie ein guter Junge.

Sie schubst ihn leicht in Richtung seines Sessels, Ed lächelt ihr zu und geht zum Tisch hinüber. Er hat eine völlig neue Sicherheit gewonnen. Er gießt sich einen Drink ein.

ED Jeeh – das war mein bester Tanz seit Jahren.

MRS. SHERIDAN Ja, es war gut; oder? Hab ich Ihnen nicht gesagt, daß es phantastisch wird, wenn wir nur erst einmal anfangen?

ED Ja, darum dreht es sich nämlich: erst einmal anfangen. Wahrscheinlich stecke ich fast die ganze Zeit den Kopf in den Sand. Es braucht ganz schön viel, mich in Gang zu bringen, aber – *Er sieht sie ganz direkt an.* Wirklich, wissen Sie, daß Sie wunderschön sind?

MRS. SHERIDAN Sie sind ein Schatz, daß Sie mir das sagen. Seit Menschengedenken hat mir keiner mehr gesagt, daß ich irgend etwas bin.

ED Also wirklich – wirklich, hören Sie – Bella – Macht es Ihnen etwas aus, wenn ich Sie Bella nenne?

MRS. SHERIDAN Von Ihnen höre ich es gern.

ED Danke. Das habe ich immer gewollt. Es ist – es ist ein schrecklich hübscher Name. Ich kenne keinen schöneren. Außerdem paßt er genau zu Ihnen.

MRS. SHERIDAN Jeeh, Sie geben mir das Gefühl, daß ich das Recht habe zu leben. Ich möchte Sie oft hier haben.

ED Ehrlich, das kommt mir bis ins Innerste entgegen. Aber ich kann mir gar nicht denken, warum Sie *mich* mögen.

MRS. SHERIDAN Nein? Also gut, ich will es Ihnen sagen, wenn Sie es wirklich wissen wollen. Weil Sie freundlich und liebenswürdig sind – immer kleine Aufmerksamkeiten machen – und nicht die ganze Zeit bloß an sich selbst denken. *Sie sieht ihm direkt in die Augen.* Weil ich glaube, daß Sie ganz und gar normal sind, deshalb.

ED Hm – meinen Sie das alles wirklich?

MRS. SHERIDAN Seh ich nicht so aus?

ED Naja, Bella, ich – ich – *Er bricht ab, steht auf und umarmt sie. Mrs. Sheridan küßt ihn unvermittelt und schiebt ihn dann weg.*

MRS. SHERIDAN Jetzt ist es genug. Setzen Sie sich und benehmen Sie sich. *Als sie bemerkt, daß er nicht gehorchen will.* Hier, setzen Sie sich und trinken Sie aus. *Ed setzt sich, und Mrs. Sheridan geht zum Klavier und sieht die Noten durch. Sie stellt Noten auf den Halter – und sagt plötzlich* Sagen Sie, wollen Sie nicht erst einmal was essen?

ED Nein – ich hab nicht besonders Hunger.

MRS. SHERIDAN Tatsächlich? Jeeh bin ich hungrig. Ich hab das Mittagessen ganz vergessen. Ach, Sie können bestimmt auch etwas essen! Angenommen ich geh schnell raus und mach uns etwas?

ED Aber nein, lassen Sie mich das machen! Ich bin nämlich recht geschickt in Küchensachen. Setzen Sie sich ganz einfach hierher. *Er schubst sie in einen Sessel, seine Hände liegen auf ihren Schultern.*

MRS. SHERIDAN *legt ihre Hände auf die seinen* Also wirklich, Sie sind doch das Netteste, was mir je über den Weg gelaufen ist. Aber kümmern Sie sich nicht – ich werde es machen.

ED Im Ernst, ich mache nichts lieber als etwas für Sie.

MRS. SHERIDAN Sie sind ein prima Kerl, ehrlich. Lieber Himmel, ich hatte seit Gott weiß wann niemanden mehr, der mich bedient hat. *Ganz impulsiv zieht sie ihn zu sich herunter und küßt ihn. Er versucht, sie wieder zu küssen. Sie schiebt ihn lachend von sich.* Nein – fangen Sie also an. Sie werden in der Küche alles gleich finden – es ist genug da in der Kühltruhe. Zeigen Sie mir, was Sie können.

Ed geht zur Eßzimmer-Tür. Er dreht sich nach ihr um.

ED Wirklich, das ist prima, daß ich Sie bedienen darf. Sie – mit Ihnen habe ich die beste Zeit verbracht, die ich je hatte.

MRS. SHERIDAN *während Ed wieder auf sie zugeht* Ach, Sie sind wirklich süß! Nein, jetzt gehen Sie hinaus. *Ed lächelt ihr zu und geht. Fröhlich.* Jeeh! *Sie geht zum Kamin und richtet sich dort am Spiegel das Haar. Sie sucht unter verschiedenen Fläschchen herum, findet ein Parfümfläschchen und parfümiert sich. Sie hält es stirnrunzelnd gegen das Licht. Dann stellt sie es zurück und läuft die Treppe hoch; dabei singt sie fröhlich.*

An der Vordertür wird ein Schlüssel gedreht, und Mr. Sheridan kommt herein. Er ist wütend. Er geht im Zimmer herum, findet ihre Handtasche auf dem Tisch, nimmt und durchsucht sie. Es sind nur Puderdose und Taschentuch drin. Wütend wirft er sie weg.

MR. SHERIDAN *brüllt* Bella! Wo zum Teufel ist sie? Bella!

Mrs. Sheridan kommt die Treppe herunter. Sie ist keineswegs erfreut, ihn zu sehen.

MRS. SHERIDAN Ach um Himmels willen. In eigener Person! Nicht wie im Kino. Was ist los – hat sie dich versetzt?

MR. SHERIDAN Hast du mir zwanzig Dollar aus der Brieftasche genommen?

MRS. SHERIDAN Ach, deshalb bist du zurückgekommen. Es hätte ja auch aus Zärtlichkeit sein können.

MR. SHERIDAN *wütend* Hast du das Geld genommen?

MRS. SHERIDAN *sofort genauso wütend wie er* Ja. Hab ich!

MR. SHERIDAN Ist ja reizend. Mein Gott, das ist wirklich die unterste Schublade, selbst für dich. An meine Taschen gehen, während ich schlafe!

MRS. SHERIDAN Ja. Mir kam die Idee nach einer dieser Bettgeschichten. Was hältst du davon?

MR. SHERIDAN Das paßt genau zu dir. Paßt zu allem anderen. Ich komme zum Bahnhof und merke, daß ich zwei Dollar bei mir habe. Eine feine Ausgangsposition. Gib mir das Geld zurück!

MRS. SHERIDAN Achja? Versuchs doch zu holen, Liebling.

MR. SHERIDAN Was hast du damit gemacht?

MRS. SHERIDAN Was ich damit gemacht habe, willst du wissen?

MR. SHERIDAN Du begreifst ja recht schnell.

Mrs. Sheridan Tja, ich habe gar nichts damit gemacht. Ich werde es dem Lebensmittelhändler in den Rachen schleudern, falls es dich interessiert.

Mr. Sheridan *lacht* So – wirst du!

Mrs. Sheridan *wütend* Ja, werde ich – und du weißt verdammt genau, daß ich das werde! Ist doch erhebend für mich, wenn der mich vor allen Provinzlern ankeift –

Mr. Sheridan Also – ich will hier nicht diskutieren. Wo ist das Geld?

Mrs. Sheridan Oh, du willst hier nicht diskutieren? Das klingt gut! Wessen Geld war es übrigens? Wer hat wie ein Idiot dafür gearbeitet? Unterste Schublade? Ich? Zeig mir, was noch schäbiger ist, als mir diese lumpigen 20 Dollar abzunehmen, nachdem ich mich dafür totgeschuftet habe.

Mr. Sheridan Sei kein solcher Idiot – du bekommst sie zurück.

Mrs. Sheridan Ahja? Das wirst du nicht tun.

Mr. Sheridan Ein für alle Mal jetzt, gib mir das Geld!

Mrs. Sheridan *ihre Stimme wird laut* Ich werde es dir *nicht* geben. Ich bin es endgültig leid, dir Geld zu geben für andere Frauen.

Mr. Sheridan Ach – ver- *Er wendet sich angewidert ab.*

Mrs. Sheridan *kann sich nicht mehr bremsen* Ich bin es leid und hab es satt, die ganze Angelegenheit. So sieht es aus. Drei Jahre eine satte Hölle, das war es für mich. Ich bin jetzt so weit, daß ich alles hier liegen und stehen laß.

Mr. Sheridan Weiter so! Jedesmal wieder, wenn es dich überkommt! Hast du je bemerkt, daß ich versucht hätte, dich zu halten.

Mrs. Sheridan Nein, hab ich nicht! Es ist dir doch verdammt egal, was aus mir wird! Also schön, es gibt zwei

Möglichkeiten, laß dir das sagen! Die Zeit ist hinter mir, wo ich mich für dich zum Narren gemacht habe – die ganze verdammte Angelegenheit ist hinter mir. Was sagst du dazu?

MR. SHERIDAN Ist ja gut! .... Wo hast du das Geld hingetan?

MRS. SHERIDAN Es ist genau hier in diesem Mieder, mein Schatz, und du wirst es nur über meine Leiche bekommen. *Sie steht ihm genau gegenüber.*

MR. SHERIDAN *geht zu ihr* Sei kein Idiot, Bella. Gib es mir. Ich muß in die Stadt. *Er packt ihre Hand.* Gib es mir, Bella.

MRS. SHERIDAN *versucht sich von ihm loszumachen* Hör auf damit! Ach – du Riesenschwein! *Ihre Stimme kippt in einen Schrei um* Hör auf damit!

Ed kommt zur Eßzimmertür herein.

ED Hey, was ist denn los hier? *Er sieht die beiden.* Hey, lassen Sie sic los! Was zum Teufel denken Sie sich dabei? *Er zieht Mr. Sheridan weg.* Wer glauben Sie denn eigentlich, wer Sie hier sind? *Die beiden stieren sich an.*

MR. SHERIDAN *hält sie am Handgelenk* Ein reizender kleiner Kerl, wie Sie sich hier entpuppen! Sie sind eifersüchtig. Eifersüchtig! *Er setzt sich.*

ED Sie handeln sich viel Ärger ein, wenn Sie das Mädchen so behandeln! Versuchen Sie das bloß nicht noch einmal.

MR. SHERIDAN *mit übertriebener Verbeugung* Mr. Graham, ich glaube Ihnen! Der Zauberkönig der Vorstadt! *Zu Mrs. Sheridan.* Ganz dein gewohnt guter Geschmack, meine Liebe.

ED *schnaubt* Lassen Sie das sein! Halten Sie lieber Ihren

Mund, oder ich werde das für Sie erledigen! *Er geht auf Sheridan zu, der sich zurückzieht.*

MR. SHERIDAN Vielen Dank. Ich würde unser Geplauder liebend gerne fortsetzen, aber leider habe ich eine Verabredung. *Zu Mrs. Sheridan.* Erinnerst du dich, was ich dir über Mr. Peterson gesagt habe, Liebes?

MRS. SHERIDAN *hysterisch* Los – raus hier.

ED Hören Sie, was sie sagt? Gehen Sie und lassen Sie sie in Ruhe. *Er nähert sich kampflustig. Sheridan zieht sich zurück zur Tür.*

MR. SHERIDAN Ich werde das nächstliegende tun. Ich werde sie Ihnen überlassen. *Zu Mrs. Sheridan.* Wiedersehen, meine Liebe. Und vergiß nicht zu schreiben.

ED Gehen Sie jetzt, Sie großes Stück – Sie großes Stück Dreck! *Er stößt Sheridan weg, der schnell verschwindet, ehe Ed ihm vor der Nase die Türe zuknallt.*

MRS. SHERIDAN O Gott! *Sie wirft sich mit dem Gesicht nach unten aufs Sofa und schluchzt heftig. Ed lehnt sich gegen die Tür. Er ist überrascht, daß es so leicht ging.*

ED Also – ehrlich – ich hätte gedacht, daß er mehr zu sagen hätte. *Er schaut traurig auf Mrs. Sheridan.* Ach, nehmen Sie es nicht so schwer! *Er geht zu ihr, setzt sich neben sie und legt ihr den Arm um die Schulter.* Bella – O Bella – nicht doch! Nicht so traurig! *Sie schluchzt weiter.* Nicht, Bella. Weinen Sie doch nicht so!

MRS. SHERIDAN *immer noch schluchzend* Ach, wofür das alles! Wofür!

ED Weinen Sie doch nicht so! Es wird alles gut. Mir wird ganz elend, wenn Sie so weinen. Ich will nicht, daß Sie weinen.

MRS. SHERIDAN *sieht hoch* Gehen Sie nicht weg.

Ed Bei Gott! Ich wollte, ich könnte Sie aus dem Schlamassel ziehen.

Mrs. Sheridan Warum tun Sie es dann nicht?

Pause.

Ed Sie meinen – abhauen – Sie und ich?

Mrs. Sheridan Warum nicht? Was haben *wir* schon zu verlieren, jeder von uns?

Ed Nichts. Da haben Sie wahrscheinlich recht.

Mrs. Sheridan *springt auf* Dann los.

Ed Was? Jetzt? Sofort?

Mrs. Sheridan Warum nicht? Lange darüber nachdenken bringt nichts.

Ed Also gut. Ich bin soweit, wenn sie es auch sind.

Mrs. Sheridan Dann los. Holen Sie einen Koffer, und wir gehen.

Ed Wir werden alles ganz von vorn beginnen, ja?

Mrs. Sheridan Darauf können Sie sich verlassen. In zehn Minuten treffen wir uns am Bahnhof. *Sie küßt ihn und macht sich dann von ihm los.* Gehen Sie jetzt. Wir wollen keine Zeit verschwenden. *Sie läuft die Treppe hoch. Ed nimmt Mantel und Hut.*

Ed Wir werden alles ganz von vorn beginnen!

VORHANG

★★★★★★★★★★★★★★★ AKT III ★★★★★★★★★★★★★★★

Im Wohnzimmer der Grahams, unmittelbar nach dem 2. Akt.

Ed tritt ein. Seinem Verhalten ist Entschlossenheit und Eile anzumerken. Er geht zum Garderobenzimmer, sucht kurz herum und kommt mit einer Reisetasche heraus. Er geht damit ein paar Treppenstufen hoch, hält plötzlich inne und blickt in Richtung Eßzimmer. Er riecht die Lammkeule, die in der Küche schmort. Er bleibt kurz stehen, wird sich des Geruchs bewußt, kommt langsam die Treppe herunter, stellt die Tasche ab und geht aus dem Eßzimmer, ohne Hut und Mantel abzulegen. Kurz nachdem er das Zimmer verlassen hat, klingelt das Telephon. Es klingelt unentwegt weiter. Ed kommt schnell herein mit einem angebrannten Lappen in der Hand. Er geht zum Telephon und spricht.

ED Hallo ... Ja ... Wieso, was für ein Doktor? Hören Sie, Sie müssen da etwas durcheinandergebracht haben – wir haben Dr. Robbins nicht angerufen. Niemand hier ist krank ... Ja, doch, Sie sind hier bei Grahams ... Ach, sie hat ...? Ja, sie war bei den Carters ... Tja, wie lang mag das her sein? ... Was hat sie gesagt, was war los? ... Ein Unfall! Was für ein Unfall? ... Ach, hat sie nicht? ... Ja sicher, mach ich ... Ja, das hoffe ich auch ... Wiedersehen. *Pause. Ed legt den Hörer auf und wendet sich verwirrt ab. Langsam legt er Hut und Mantel wieder ab und sieht sich ratlos um.*

Die Türglocke geht laut, kurz danach klopft es heftig. Ed öffnet die Tür. Ada, Harriet und Sister treten ein. Harriet, die sehr aufgeregt ist, kümmert sich zärtlich um Sister, die sich gegen sie lehnt – mit geschlossenen Augen und dem Ausdruck äußerster Erschöpfung.

HARRIET *aufgeregt* Wo ist der Arzt? Ist er schon da?

ED Naja, gerade haben sie angerufen – sie haben gesagt, daß er gleich da ist. Hör mal, was ist los? Sie haben gesagt, es gibt irgendwie Probleme.

HARRIET Probleme! Probleme – das kann man wohl sagen! Mutters armer Schatz! *Sie kniet neben Sister nieder und beginnt sie vorsichtig auszuziehen.*

ADA *die bisher auf- und abgeschritten war* Mir wäre klar, daß hier jemand ziemliche Probleme bekommen würde, wenn einem von meinen Kindern so etwas passiert wäre!

ED Aber was? Hast du dir weh getan, Sister? *Er versucht beim Mantelausziehen zu helfen.*

SISTER Aua! Nicht!

HARRIET Bitte Papi, laß sie in Ruhe, ja? *Sie schiebt ihn weg.* Gott weiß, wie schwer sie verletzt ist, jetzt im Moment! So, Liebes – Mutter weiß, wie man es macht, ja? *Sie nimmt den Mantel und den Hut ab. Sister sieht recht abgerissen aus. Ihr Kleid hängt schlaff und zerknittert herunter und ist überall mit Schokoladeneis beschmiert. Ihre Haarschleife hat sich aufgelöst. Harriet ist zum Sofa gegangen.* Wenn das keine Sünde ist. *Sie geht zurück zu dem Kind – kniet sich wieder hin.* Eiskrem für ein ganzes Regiment – und alles über ihr schönes Kleid!

ADA *legt Handschuhe und Noten auf den Tisch* Du kannst dich gleich dazu durchringen, das Kleid zu verschenken

– diese Flecken gehen nicht mehr so schnell heraus. Arme Leute werden froh darüber sein.

ED Aber was ist überhaupt passiert? Warum sagt mir das keiner?

HARRIET *setzt Sister in den Sessel links vom Tisch* Ich *sags* dir ja, Papi, wenn du bloß zuhören und dich nicht so aufregen... Leg dich jetzt richtig zurück, Schäfchen. *Sister setzt sich. Harriet kniet vor ihr.* So ists gut. Immer dieser Gormley Carter, jedes Mal. Ein böser, schlimmer Junge! Wirft seine ganze Eiskrem über Sister und tritt sie dann noch mit dem Fuß! Dieser große, schwere Junge; acht Jahre wird er jetzt.

SISTER *weinerlich* Er ist nichts als ein großer Feigling, mehr ist er nicht.

HARRIET Mach dir nichts draus, es wird ihm noch mal leid tun.

ADA Ich möchte bloß zehn Minuten lang *seine* Mutter sein, mehr nicht.

ED Also wirklich, das ist ja schlimm. Hat er dir sehr weh getan, Sister?

HARRIET Weh getan! Du würdest bestimmt wissen, was weh tun ist, wenn dich ein großer Junge packen würde und dich direkt in den Bauch treten würde!

ED Warum hat er so etwas bloß getan?

HARRIET *tief gekränkt* Tja, sah so aus, als könnte er sie ganz plötzlich nicht mehr leiden. Die Schlechtigkeit ist mit ihm durchgegangen, das ist alles. Er wird noch einer von diesen ganz Wilden, warts nur ab! Sag es Mutter. *Sister stöhnt.* So, siehst du jetzt – siehst du, sie leidet! Ada, glaubst du, sie hat innere Verletzungen?

ADA Das passiert schnell, wenn so etwas geschieht.

HARRIET Ach, wo *bleibt* dieser Doktor! *Sie steht auf.*

Mich packt noch die Wut! Ada, meinst du nicht, wir sollten sie besser nach oben bringen und hinlegen?

ADA Naja, schaden kann es wohl nicht.

HARRIET Eben, sie sollte sich lieber hinlegen, nicht Sister?

SISTER Ich habe nicht einmal etwas mit nach Hause bekommen.

HARRIET Ärgere dich nicht. Mutter wird dir was Hübsches kaufen. Komm jetzt, sei ein großes Mädchen. *So* ist es recht. *Sie hilft Sister zur Treppe.*

ED Komm, laß sie mich tragen.

HARRIET Nicht doch, Papi, probiere bloß das nicht. Das wäre eine schöne Bescherung, wenn sie noch stürzen würde, so wie es aussieht bei ihr. *Sie geht eine Treppenstufe hoch – schnüffelt.* Um Himmels willen, brennt hier etwas?

ED Naja, Het, laß dir sagen – diese Lammkeule habe ich irgendwie vergessen, sie kam mir erst wieder in den Sinn, als sie verbrannt war –

ADA Ich wußte es doch gleich beim Hereinkommen, daß ich etwas rieche!

HARRIET Ach, Papi, wirklich! Bei all den Problemen, die ich habe, mußt du noch so etwas anrichten!

ADA Ich verstehe nicht, daß du hier nicht schlicht verrückt wirst –

HARRIET Himmel nochmal, alles hier ist am Brennen, alles ist am Sieden. Das reine Wunder, daß das Haus noch steht.

SISTER Mut–ter, bring mich hinauf –

HARRIET *unten an der Treppe* Sofort, Schnuckelchen. Ehrlich, ich weiß nicht mehr, wo hinten und vorn ist. Ada, würdest du raus gehen und nach dem Rechten sehen? Ich muß sie hochbringen – ich hab Angst, daß sie zusammenbricht. *Sie geht los.*

ADA Also gut – *Sie zieht den Mantel aus, legt Mantel und Pelz über den Sessel und krempelt die Ärmel hoch.* Ja, ich werde alles in Ordnung bringen, Het. Überlaß das ruhig mir. Du hast damit alle Hände voll zu tun. Man sollte glauben, daß ein Mensch Verstand genug hat! *Sie wirft Ed einen giftigen Blick zu und verschwindet durch die Eßzimmer-Tür.*

HARRIET *geht mit Sister die Treppen hoch* Es hat wirklich so ausgesehen, als könnte man sich *einmal* auf dich verlassen, Papi... Jetzt nimm es nicht so tragisch, mein Schäfchen. Kaspere nicht so herum! So etwas kann dir dein ganzes Leben lang Probleme machen. Ach, ich habe ja geahnt, daß wir nicht zu der Party hätten gehen sollen! Ich hätte es voraussagen können! Ich wußte, daß etwas passieren würde. *Sie verschwinden nach oben und sind nicht mehr zu sehen.*

Ed sieht ihnen nervös hinterher. Er macht sich Sorgen um Sisters Verletzungen. Er hebt die Tasche hoch und sieht sie recht ratlos an – stets mit einem angstvollen Blick nach oben.

DIE STIMME HARRIETS Papi, der Doktor ist da! Mach ihm doch schnell die Tür auf.

ED *konfus* Was? Was sagst du, Het?

HARRIETS STIMME Lieber Gott, was ist los mit dir? Kannst du nicht einmal die Türe öffnen? *Sister ruft.*

Die Türglocke

Es läutet. Ed öffnet die Tür. Dr. Robbins tritt ein. Er ist ein Mann mittleren Alters, mit lauter Stimme, wohlge-

nährt, unwiderstehlich gesund. Er trägt Golf-Kleidung und hat eine schmale schwarze Tasche.

DR. ROBBINS Hallo, Graham, alter Junge. Man sagt, die junge Dame hier hat Probleme, ja?

ED Ja, ich fürchte schon, Doktor. Bin wirklich froh, daß Sie gekommen sind. Sie haben ganz ungeduldig auf Sie gewartet.

DR. ROBBINS Ja, man hat mich aus dem Country-Club gerufen. War noch nie anders – man geht am Samstagnachmittag ein bißchen hinaus, will ein wenig Golf spielen, und kaum ist man am dritten Loch, schon wird man weggerufen. Immer dasselbe – die warten bis Samstagnachmittag und werden dann krank!

ED Wirklich, es ist zu dumm, Sie da wegzuholen. Sister ist aber wohl in einem schlechten Zustand.

DR. ROBBINS Schön, da werde ich sie mir wohl besser mal ansehen – *er nimmt seine Tasche und geht zur Treppe* – und schauen, was man tun kann. Ist sie oben? – Tja, mein Lieber, man hat kein Privatleben mehr in diesem Beruf. Der erste klare Samstag seit vier Wochen! *Auf der Treppe* Ich kann Ihnen sagen, es ist ein Hundeleben – Sieht es aus, als hätte sie irgendwas gebrochen?

ED Nein, ich glaube nicht. Scheint eher innerlich zu sein, könnte man sagen.

DR. ROBBINS Na, bald werden wir wissen, was los ist. *Er geht nach oben.* Kommen Sie mit, Kamerad?

ED Ach, ich steh wohl bloß im Weg rum – mehr als ich nützen kann. Ihre Mutter ist oben bei ihr.

DR. ROBBINS Schön – dann wollen wir sie genau ansehen und schauen, was sich machen läßt. *Er geht weiter die Treppe hoch.*

Ed sieht ängstlich nach oben, schaut dann verstohlen zur Küche und geht Richtung Eingangstür. Plötzlich steckt Ada ihren Kopf durch die Eßzimmer-Tür.

ADA Wars der Doktor?

ED Ja.

ADA *tritt herein* War ein ziemliches Chaos in der Küche. Diese wunderbare Lammkeule – total verbrannt – genausogut hätte man das Geld in den Müll werfen können.

ED Ist ja gut. Tut mir leid.

ADA Leid! *Sie greift das Wort auf.* Mit leid tun kann man immer hinterher kommen, glaub ich! Het hat mit alldem genug am Hals!

ED Hör mal – ich habe nicht gewußt, daß Sister einen Tritt bekommen hat, oder?

ADA Nein, du weißt ziemlich vieles nicht. *Sie nimmt ihren Mantel.* Besser, ich gehe nach oben und höre, was der Doktor zu sagen hat. Ich wollte es Het nicht so genau sagen, aber man kann bei Mädchen nicht vorsichtig genug sein. Ich weiß von einem Mädchen, das mit mir zur Schule ging und sich innere Verletzungen zuzog; jetzt ist sie seit 22 Jahren verheiratet und war nie schwanger und hat kein Kind! Ich sage dir, du mußt achtgeben bei Sister! *Sie geht die Treppe hoch.*

Ed ist unruhig und nervös. Es klopft plötzlich kurz an der Tür und der Türknauf wird ungeduldig gedreht. Er geht schnell zur Tür und öffnet. Mrs. Sheridan tritt ein. Sie trägt ein Kostüm und Hut und hat eine Reisetasche sowie Eds Mandoline im grünen Futteral dabei.

MRS. SHERIDAN Hey! Ich bin fertig. Was ist mit Ihnen?

Ed Naja, ich – ich hab mich irgendwie verspätet.

Mrs. Sheridan Hören Sie, mein Freund, jetzt ist keine Zeit für Verspätungen! *Sie sieht den Mantel und Hut von Sister auf dem Sessel.* Oh – sie sind wohl zurückgekommen?

Ed Ja. Sie sind zurückgekommen.

Mrs. Sheridan Oh – *sofort wird ihre Stimme leiser.* Wo sind sie denn?

Ed Oben. Der Doktor ist oben. Da war wohl ein kleines Unglück.

Mrs. Sheridan Unglück! Was ist passiert?

Ed Naja – Sister hat wohl irgendwie Streit bekommen mit einem Kind drüben bei der Party. Ich glaube, er ist ziemlich grob mit ihr umgesprungen.

Mrs. Sheridan Großer Gott! Ist sie verletzt?

Ed Ach, ich glaube, sie wird es überstehen. Dr. Robbins ist ziemlich gut.

Mrs. Sheridan Aber natürlich packt sie das. Himmel, ich hab mich tausendmal gestritten als Kind! Also, was müssen Sie noch tun, bis Sie fertig sind?

Ed Tja, ich – ich – *er ist verwirrt.* – muß noch meine Tasche holen.

Mrs. Sheridan Schön, ich warte am Bahnhof auf Sie. *Sie will gehen.*

Ed *hält sie am Arm* Nein, warten Sie einen Moment. Ich geh gleich mit Ihnen. Warten Sie auf mich, ja?

Mrs. Sheridan Also gut, aber beeilen Sie sich. Ich fühle mich hier ein wenig fehl am Platz.

Ed *sieht sie bewundernd an* Jeeh, Bella! *Er versucht sie zu küssen.*

Mrs. Sheridan *schiebt ihn weg* Also wirklich, Ed. Dafür werden wir noch genug Zeit haben – alle Zeit dieser

Welt. Jetzt müssen wir uns beeilen, oder wir schaffen es nie! Wo ist Ihre Tasche?

Ed Da steht sie schon. Ich – ich glaube, ich kann sie jetzt nicht packen! Ich kann ja wohl einen Kamm und – und sonst alles kaufen, wenn wir in New York sind.

Mrs. Sheridan Ja gut. Aber kommen Sie jetzt, Ed, wir müssen es schaffen.

Ed *verwirrt* Wir müssen es schaffen, genau, das ist der Punkt. Es schaffen. *Er holt die Tasche, die er in der Ecke beim Klavier stehengelassen hatte.*

Mrs. Sheridan Das ist alles?

Ed Ja doch – ich hab alles – Hören Sie – eh – was machen wir, wenn wir in der Stadt sind? Ins Hotel gehen, oder?

Mrs. Sheridan Naja, für einen Tag oder so müssen wir wohl. Bis wir was finden, wo wir bleiben können.

Ed Genau, das hab ich auch gedacht... Wo wäre es denn gut?

Mrs. Sheridan Ach, ich weiß nicht. Wir werden es wissen, wenn wir dort sind.

Ed Ja, sicher. Nur – nur – *er schweigt.*

Mrs. Sheridan Nur was?

Ed Ach nichts. Nur habe ich mir eben überlegt – ich denke, wir müssen den Meldezettel als Mr. und Mrs. ausfüllen... oder?

Mrs. Sheridan Das nehme ich an – sonst lassen sie uns nicht rein. *Sie wendet sich ihm zu.* Ich glaube, Sie haben so etwas auch noch nie getan, oder?

Ed Naja, ich – ich – ich denke, es ist nichts dabei; wenn man es erst mal tut. Ich weiß, daß es viele machen.

Mrs. Sheridan *geht ganz nah auf ihn zu* Sie *wollen* es doch wirklich, oder? Noch ist Zeit zu sagen –

Ed Ob ich es will! Ehrlich, Bella, ich glaube, das ist das

erste Mal, daß ich etwas wirklich will! *Sie küssen sich. Sie schiebt ihn weg und blickt nervös nach oben.*

MRS. SHERIDAN Los – los! Wir müssen gehen! Haben Sie Ihre Tasche?

Man hört von oben die Stimme des Doktors.

DR. ROBBINS – und geben Sie ihr nochmals diese Dosis, ehe sie einschläft. Auf Wiedersehen, Mrs. Graham. *Er kommt die Treppe herunter. Ed läßt schnell seine Tasche fallen.* Also, Meister Graham. Da haben Sie wohl falschen Alarm geschlagen! Die junge Dame ist wie neu geboren. *Er kommt noch weiter die Treppe herunter.* Wirklich, mein Bester, überhaupt nichts ist ihr passiert! Mehr als ein wenig Abführmittel braucht sie nicht. Tja, mein Guter – wieder was gelernt. Wenn ich mal vorhabe, ein wenig Golf zu spielen, sage ich keinem, wo ich zu erreichen bin!

ED Naja – ich – ich bin froh, das zu hören, Doktor. Irgendwo haben sie mich irgendwie ganz beunruhigt.

DR. ROBBINS Es geht ihr so gut wie an ihrem ersten Tag – sogar noch besser.

ED Na prima, das ist ... Ah – Dr. Robbins, darf ich Ihnen Mrs. Sheridan vorstellen. *Mrs. Sheridan verbeugt sich.*

DR. ROBBINS Freut mich, Sie kennenzulernen, ganz bestimmt, Mrs. Sheridan. Die Freunde der Grahams sind auch meine Freunde. Wir kennen einander schon ganz schön viele Jahre, was, Meister Graham? O ja, Lieber, ich habe Sister zur Welt gebracht!

MRS. SHERIDAN Sagen Sie bloß!

DR. ROBBINS Jawohl! Meister Graham hier war an diesem Tag ein ziemlich nervöser Gatte. *Er lacht.* Tja, ich sage immer, mir ist noch nie ein Vater gestorben, aber ... *Er lacht.* Machen Sie sich jetzt keine Sorgen, Junge – es geht ihr gut. Die Konstitution hat sie von ihrer Mutter. Das ist eine der gesündesten Frauen, die Sie je gesehen haben, Mrs. Sheridan. Sie wird uns alle überleben. Meister Graham ist wahrscheinlich recht stolz auf sie, und das soll er auch ruhig sein. Wir nennen sie hier in der Gegend das Idealpaar.

MRS. SHERIDAN Das glaube ich gerne.

DR. ROBBINS Tja, Junge, so nennen wir sie. Also gut – wo ist jetzt meine Mütze hingekommen? ... Ah, da ist sie ja! Also – hat mich gefreut, Sie zu sehen, Meister Graham. Und – sehr erfreut, Sie kennengelernt zu haben, Mrs. Sheridan. Hoffentlich habe ich mal wieder das Vergnügen. Auf Wiedersehen, Meister Graham.

ED Wiedersehen, Doktor. Tut mir leid, daß wir Sie weggerufen haben.

DR. ROBBINS Ach, das gehört in diesem Beruf zum täglichen Brot! Also – *Er lacht herzlich* – macht keine Dummheiten. *Er geht.*

ED *Pause –, dann bewundernd* Ziemlich kluger Bursche, dieser Dr. Robbins. Kümmert sich nun seit Jahren um uns. *Plötzlich fällt ihm die ganze Situation wieder ein.* Tja, wir gehen jetzt wohl besser. *Er sieht besorgt nach oben.*

MRS. SHERIDAN Hey, warten Sie einen Moment! Lassen Sie ihn erst verschwinden! Er könnte auf dumme Gedanken kommen, wenn wir beide mit Reisetaschen weggehen.

ED Ja, da haben Sie vielleicht recht. *Er wirkt etwas niedergeschlagen.*

MRS. SHERIDAN Gott, ist das ein dummer Abschied. Wir hätten sofort gehen müssen, als es uns einfiel.

ED Ja. So hätte man es machen müssen.

Mrs. Sheridan *sieht ihn an* Noch ehe man Zeit hat, alles zu überdenken, was? ... Woran denken Sie jetzt?

Ed Ach – ich weiß es nicht. An nichts. Ich denke – ich habe mir gerade überlegt, daß ich meine Stelle besser kündige. Wird nicht so einfach sein, sie dazu zu bringen, diese Sache im rechten Licht zu sehen.

Mrs. Sheridan *sieht ihn lange an* Arbeiten Sie schon lange da?

Ed Bei Warrens drunten? Ja wirklich, ich war nie woanders. Bin gleich nach der Schule dahin.

Mrs. Sheridan Ach, Sie werden auch etwas anderes finden.

Pause

Ed Ja sicher. Denk ich auch. Spricht nichts dagegen.

Mrs. Sheridan Sie bekommen ein bißchen Angst, oder?

Ed Wer, ich? Nein, ich habe keine Angst – kein bißchen. Es wird ihnen – ihnen wird es gut gehen. Das Haus ist vollständig abbezahlt, und auf der Bank liegt Geld.

Mrs. Sheridan *sanft* Na, dann gibt es keine Bedenken mehr, oder?

Ed Nein – nein – nicht im geringsten.

Mrs. Sheridan Also, dann los jetzt. *Sie geht zur Tür.*

Ed Gut. Ich bin fertig. *Er rührt sich nicht. Sie dreht sich an der Tür wieder um und kommt zurück. Sie ist völlig heiter und voll Verständnis.*

Mrs. Sheridan Hören Sie, Sie sind da irgendwie hineingeraten, oder? Sieht so aus, als könnten Sie es nicht pakken, ja? Also, machen Sie sich keine Sorgen – Jeemineh, Sie dürfen nicht gehen, wenn die Sache so aussieht. Gott, ich verstehe, daß Sie sich vorkommen wie in einer Falle! Ich weiß, wie Ihnen zumute ist.

Ed Ich – ich – es geht mir gut –

Mrs. Sheridan Ich weiß schon – Sie haben das zu lange mitgemacht. Sie werden Ihnen immer im Kopf herumgehen – *Pause* – die Armen, die Sie hier verlassen haben. *Sie lächelt ihn an.* Versuchen Sie es gar nicht erst! Bleiben Sie hier.

Ed Na, hören Sie – ich könnte Sie doch nicht ganz alleine gehen lassen.

Mrs. Sheridan Aber sicher! Wirklich – ich habe von klein an auf mich aufpassen müssen! Kümmern Sie sich nicht um mich! Mir gehts prima! Ehrlich, in dem Augenblick, als ich beschlossen habe, meine Zelte abzubrechen, wußte ich, daß ich das die ganze Zeit über hätte tun sollen. Es waren drei verlorene Lebensjahre, nichts sonst. Nun bin ich wieder da, wo ich hingehöre.

Ed Bella, Sie müssen wohl denken, daß ich ein ziemlich mieser Kerl bin. Ich will nicht versuchen auszubüchsen – nur –

Mrs. Sheridan Ich weiß. Sie haben einfach nur genug Verstand, um zu sehen, daß das nicht geht. Deshalb denke ich überhaupt nicht schlechter von Ihnen – kein bißchen.

Ed Ach zum Teufel, ich will Sie nicht alleine gehen lassen.

Mrs. Sheridan Ja, und ich will Sie hier nicht zurücklassen, Ed. Aber ich denke, es ist richtig so. Schauen Sie – ich bin so, wie ich bin – und Sie haben Ihre Art – und Bert die seine – ich denke, wir sollten lieber alle dahin, wo wir hingehören. Verstehen Sie?

Ed *traurig – gepreßt* Ja, so war es wohl gemeint. *Eine Pause.*

Mrs. Sheridan Auf Wiedersehen, Ed.

Ed Hören Sie – wollen Sie nie mehr zurückkommen?

Mrs. Sheridan Auf keinen Fall. Ich weiß vieles noch nicht, aber das weiß ich. Das hab ich, Gott sei Dank, hinter mir. Diese drei Jahre sind abgeschlossen ... Ach, es ist witzig, wenn man sich über etwas so sicher ist! Das ist fabelhaft!

Ed Aber was wollen Sie tun? Sie – Sie haben überhaupt kein Geld, oder?

Mrs. Sheridan *lacht* Ich habe schlichte vier Dollar und keinen Cent mehr! Aber das geht schon. Montag werde ich zuallererst Joe treffen, und er wird mir einen Job verschaffen. Ich komm schon hin.

Ed Ehrlich, so etwas kann ich nicht haben. Ich könnte Sie nie so weggehen lassen, Bella. Lassen Sie mich – Sie müssen sich von mir aushelfen lassen. *Er holt sein Geld aus der Tasche.*

Mrs. Sheridan Ach jeh, was sind Sie für ein großer kleiner Junge! Nein – machen Sie sich keine Sorgen.

Ed Wirklich, ich würde mich sehr viel besser fühlen, wenn ich etwas für Sie tun könnte.

Mrs. Sheridan Ist das so, ehrlich? – Dann also, danke, Ed. Ich werd es Ihnen zurückschicken. *Er gibt ihr Geld.*

Ed Machen Sie sich darüber keine Gedanken. Ich würde Ihnen gerne mehr geben. Ich wollte, ich könnte Ihnen einfach alles geben!

Mrs. Sheridan Ach, Sie sind wirklich süß! Ich werde lange suchen müssen, bis ich jemanden finde wie Sie. Auf Wiedersehen, Ed. Sie wissen sicher, wie mir zumute ist.

Ed *folgt ihr* Könnten Sie denn – könnten Sie mich nicht wissen lassen, wo Sie sein werden?

Mrs. Sheridan *lächelt und schüttelt den Kopf* Ach, was hätte das für einen Sinn? ... Vielleicht schreibe ich

Ihnen eines Tages und erzähle Ihnen, wie es mir so geht – ich weiß nicht. Hey, hier ist Ihre Mandoline! Fast wäre ich damit losgezogen. Sie müssen in Übung bleiben, denken Sie daran.

ED *nimmt sie* Ja – ja, mach ich.

MRS. SHERIDAN *nimmt seine Hand* Und merken Sie sich das eine! Sie sind ein prima Kerl, und lassen Sie sich nichts anderes einreden! Das können Sie jedem sagen, der damit kommt. Sie sind ein prima Kerl, Sie sind – der beste, den ich je getroffen habe! Denken Sie daran! *Sie beugt sich plötzlich vor, küßt ihn und ist verschwunden, ehe er antworten kann.*

Ed sieht einen Moment sinnend nach der Tür, läuft dann mit langen Schritten durchs Zimmer und will die Tür öffnen. Plötzlich hält er inne, die Hand am Türknauf, und bleibt kurz stehen. Er schließt langsam die Tür und wendet sich ab. Er nimmt die Tasche, reckt seine Schultern, geht zum Schrankzimmer und stellt die Tasche zurück. Dann geht er zu einem Sessel, setzt sich und stützt den Kopf in die Hände.

HARRIETS STIMME Papi, Papi – bist du unten? *Er antwortet nicht.* Papi, wo im Himmel steckst du?

ED *ohne hochzusehen* Hier unten.

HARRIETS STIMME Was machst du denn überhaupt? *Er antwortet nicht.* Was ist denn *los* mit dir? *Sie kommt herunter.* Nicht nur einmal, hundertmal am Tag lauf ich die Treppen hoch. *Sie ist unten angekommen.* Warum antwortest du den Leuten nicht? *Ed beachtet sie nicht.* Na, ich bete zu Gott, daß es bei Sister nichts Ernstes ist!

ED *knapp* Der Doktor sagt, es geht ihr gut, oder? *Er zündet sich eine Pfeife an.*

HARRIET Mein Gott, hoffentlich hat er recht. Aber es ist genau wie Ada sagt, man kann bei Mädchen nicht vorsichtig genug sein. Ada meint, wenn es ihre Tochter wäre, würde sie noch einen anderen Arzt rufen. *Sie räumt im Schrankzimmer herum.*

ED Ich denke, Robbins weiß ganz genau, was er sagt.

ADA *beim Herunterkommen* Also, da wäre ich nicht allzu sicher. Er ist einer von diesen Besserwissern. Das habe ich sofort gemerkt, als ich ihn gesehen habe. *Sie setzt sich aufs kleine Sofa.*

ED *unterbricht* Wirklich, es hat jeder sehen können, daß Sister nichts passiert ist. So eine kleine Keilerei tut einem Kind gut. Ich hatte garantiert Millionen Keilereien als Kind.

ADA *verächtlich* Ja, viel herumgestritten hast du schon immer!

HARRIET *am Treppenabsatz* Das arme kleine Ding; sie versucht jetzt einzuschlafen, nach der Medizin. Sie ist so tapfer. *Geht nach rechts.* Man würde meinen, sie ist schon fünfzig. Hoffentlich ist alles in Ordnung. *Sie setzt sich.*

ED Dr. Robbins sagt, es ist überhaupt nichts mit ihr.

Telephon

ADA Ach, so eine Herzlosigkeit! – Henry hätte einen solchen Mann fast einmal niedergeschlagen. Er könnte da für nichts garantieren. Aber manche Leute haben wohl alle ihre Kämpfe als Kinder hinter sich gebracht.

ED *blinzelt ein wenig* Sei dir da nicht zu sicher.

Das Telephon läutet.

HARRIET Du lieber Himmel! Dauernd ist irgend etwas! *Sie steht auf. Ed kommt ihr zuvor.*

ED Bleib sitzen, Het – *Harriet setzt sich.* Das könnte für mich sein. *Er geht und redet am Telephon* Hallo ... Ja, das ist hier ... Ja, am Apparat ... Oh hallo, Sie sind es, Mr. Carter. Was es Neues gibt? ... Ach wirklich, machen Sie sich darüber keine Gedanken ... Ja, es geht ihr gut ... hat sich überhaupt nicht verletzt ... Nein, kein bißchen ... Wirklich, Sie müssen sich nicht entschuldigen. Es geht ihr gut ... Gewiß, Jungens sind und bleiben Jungens. *Uns* macht das nichts ... Wirklich, es war schön für sie – machen Sie sich ihretwegen keine Sorgen ... Bestimmt, das sag ich ihr, und sagen Sie Gormley, er muß sich nicht schlecht fühlen ... Ja, ich denke auch ... Warum sehen Sie und Mrs. Carter nicht mal herein abends? ... Ja gut ... Ja gut ... Auf Wiedersehen. *Er legt den Hörer auf und geht wieder zu seinem Sessel. Die Frauen, die während des Gesprächs zunehmend wütend wurden, sind blaß vor Zorn.*

ADA Also, bei allem – Ich wollte Henry nach einem derartigen Vorfall sehen! Henry weiß, was sich gehört. *Pause.*

ED Naja, wenn er so wahnsinnig gut ist, warum gehst du dann nicht wieder zu ihm?

HARRIET Also – Papi Graham! *Sie steht auf.*

ADA Was hast du gesagt? *Sie steht auf.*

ED *nimmt die Pfeife aus dem Mund und spricht ganz deutlich* Ich sage, wenn er so gut ist, warum gehst du dann nicht zu ihm zurück?

ADA Sehr schön. Ich werde aus dem Haus meiner eigenen Schwester geworfen. Sehr schön. Ich *werde* zurückgehen und abwarten, wie dir das gefällt. *Sie rauscht zur Tür. Ed raucht ruhig.*

HARRIET *macht eine Geste der Hilflosigkeit* Ach wirklich, Ada, faß das nicht falsch auf. Papi hat es nicht so gemeint, nicht wahr, Papi? *Sie geht zu Ed, hinter den Tisch.*

ED Doch, genau so.

ADA *geht nach oben* Ich hoffe nicht. Es wäre mir lieber, wenn nicht. Ich denke immer gern das Beste von den Leuten. Aber man muß mir etwas nicht mehr als einmal sagen. Henry wird sich darum kümmern, daß nicht ich dafür geradestehen muß. Mr. Ed muß keine Angst haben, daß *ich* ihn länger stören werde. *Sie verschwindet aus dem Blickfeld.*

HARRIET Ach Papi, was ist bloß in dich gefahren, so etwas zu sagen. *Sie geht zum Sofa.* Was soll ich denn tun?

ED Tu gar nichts. Laß sie laufen. Es wird uns allen besser gehen.

HARRIET Meine einzige Schwester! Sie wird es überall in New Bedford herumerzählen!

ED Na schön. Soll sie. Sie hat sich lange genug in diesem Haus breitgemacht.

HARRIET *sieht ihn verwundert an* Papi, was hat dich gepackt? So habe ich dich noch nie erlebt. Ich muß hinauf und versuchen, alles wieder einzurenken. *Sie will nach oben gehen.*

ED Setz dich jetzt hin und laß sie sein! So etwas um sich zu haben, kann einen ziemlich krank machen. Ein Mann muß in seinem eigenen Haus das Sagen haben. Setz dich hin und laß sie gehen! *Pause.*

HARRIET Aber Papi, was ist plötzlich in dich gefahren?

ED Ich glaube nicht, daß es so plötzlich gekommen ist, wie du glaubst. Hier ist einiges passiert, was du nicht weißt. Und von nun an werde ich hier auch etwas zu sagen haben.

HARRIET Ich verstehe nicht, warum du dich so aufregst. Niemand will dich am Reden hindern!

ED Das ist auch besser so. Jeder, der hier glaubt, er kann auf mir herumtrampeln, wird sich wundern. Ich denke, ich kann mein eigenes Haus so gut wie jeder andere versorgen.

HARRIET Also, ich habe sicherlich immer nur versucht, dir ein schönes Heim zu machen.

ED Ach, das geht schon in Ordnung. Aber es gibt nicht nur einen Weg, wie ein Mann sich zu Hause wohlfühlen kann, wenn man es genau betrachtet. *Die Pfeife ist kalt.* Wo sind überhaupt die Streichhölzer?

HARRIET *holt sie* Hier sind sie, Papi, hier.

ED Danke. *Er zündet die Pfeife an.* Ich werde mir wohl eine von diesen neuen englischen Pfeifen kaufen. Viele da unten in der Stadt rauchen die. Sie kosten um die acht Dollar, aber man hat auch viel davon.

HARRIET Acht Dollar für eine Pfeife?

ED Genau. Warum nicht? Hauptsache, man fühlt sich wohl dabei, sage ich mir. *Er nimmt die Mandoline.*

HARRIET Was willst du tun, Papi – Mandoline spielen?

ED *zupft einige Töne* Ich muß wieder damit anfangen. Du ahnst nicht, was dir entgeht, wenn du Musik nicht magst.

HARRIET Vielleicht hast du recht, Papi. Vielleicht sollten wir jetzt, wo Sister größer wird und so, ein wenig über uns selbst nachdenken.

ED *zupft die ganze Zeit die Mandoline* Genau, das ist die Idee. *Streckt sich.* Schließlich leben wir nur einmal.

SISTER *von oben* Mut–ter! *Harriet hört besorgt nach oben, aber Ed macht unbeirrt weiter.*

ED *weiterspielend* Wir werden es uns richtig schön zusammen machen. Wenn du erst einmal auf den Geschmack gekommen bist.

SISTER Mut–ter! *Ed hört auf zu spielen.*

HARRIET *ruft hinauf* Was ist los, Sister?

SISTER Sag ihm, er soll aufhören, auf dem alten Ding zu klimpern.

ED *streitlustig* Was hat sie gesagt?

HARRIET *besänftigend* Wahrscheinlich will sie nicht, daß du spielst, Daddy.

ED Ach, sie will nicht? Ja? Schön, das wollen wir mal klären. *Er legt die Mandoline weg und geht zur Treppe.*

HARRIET *stellt sich ihm in den Weg* Aber Papi, wohin willst du?

ED Nach oben! *Er läuft die Treppe hoch. Harriet sieht ihm verwirrt nach. Eine Tür schlägt, kurze Stille, dann hört man Sister heulen. Kurz danach kommt Ed die Treppe herunter.*

HARRIET Papi, warum hast du das gemacht und wozu?

ED Tut mir leid, aber das mußte sein.

HARRIET Tja, Papi, ich denke, du mußt dich fürs Abendessen mit Eiern zufriedengeben.

ED Heute abend wird es reichen, aber laß es nicht wieder passieren.

HARRIET Es war mal so ein schönes Stück Fleisch.

ED So etwas kann passieren. Weißt du – ich habe Mandoline gespielt und so, und dabei muß es passiert sein. *Er greift nach der Mandoline.* Du weißt, ich hatte schon immer eine Begabung für Musik.

HARRIET Also, mach weiter, wenn du willst, aber um

Himmels willen, spiel leise. *Sie verschwindet durch die Eßzimmertür.*

Ed setzt sich in seinen Sessel zurück, pafft heftig an seiner Pfeife und spielt »The beautiful Blue Danube« – sein Kopf ist fast verschwunden in einer Rauchwolke, während er das Instrument bearbeitet. Nach etwa 8 Takten hört er allmählich auf zu spielen, nimmt die Pfeife aus dem Mund und sieht nachdenklich in den Raum.

VORHANG

DOROTHY PARKER, geboren am 22.8.1893 als Dorothy Rothschild, bedauerlicherweise vom armen Familienflügel, gestorben am 7.7.1967 in New York, schrieb für alle amerikanischen Blätter von Rang vom ›Cosmopolitan‹ bis zum ›New Yorker‹, war Korrespondentin im Spanischen Bürgerkrieg und die gefürchtete Königin der Algonquin-Tafelrunde, eines New Yorker Literatentreffs, von dem kaum einer ohne Blessuren ihrer Schlagfertigkeit heimkehrte. Ihr Grabspruch: »Wer dies liest, steht zu nah.« Die Rechte an ihrem Werk vermachte sie Martin Luther King für die National Association for the Advancement of Colored People.
Buchveröffentlichungen: 2 Bände Geschichten *Laments for the Living*, 1930, und *After Such Pleasures*, 1933; 3 Bände Gedichte *Enough Rope*, 1927, *Sunset Gun*, 1928, und *Death and Taxes*, 1931, 3 Theaterstücke *Close Harmony*, mit Elmer Rice 1919, *The Coast of Illyria*, 1949, und *The Ladies of the Corridor*, mit Arnaud D´Usseau 1953; 1 Band mit Aufsätzen und Kritiken *Constant Reader*, 1970; Mitarbeit an zahlreichen Drehbüchern in Hollywood.
Im Haffmans Verlag erschienen: New Yorker Geschichten in 2 Bänden, herausgegeben von Fritz Senn: *Eine starke Blondine* (deutsch von Pieke Biermann, 1985) und *Die Geschlechter* (deutsch von Ursula-Maria Mössner, 1985) - *Close Harmony oder Die liebe Familie* (deutsch von Friederike Roth, 1989). - Außerdem immer mal wieder Gedichte und Geschichten im Magazin für jede Art von Literatur *Der Rabe* (seit Nummer 5, 1984).

ÜBER DOROTHY PARKER

»Sie lebte das Wunschbild des 30er und 40er Jahre-New Yorks: frech, geistreich, kompromißlos, immer lachend vor Weinen. So sind auch ihre Erzählungen. Sie kannte sich aus in New York und seinen Frauen; in den schäbigen, tapferen, sehnsüchtigen der unteren Klasse wie den glänzend leblosen und leeren der Reichenwelt. Ihre Geschichten sind immer aus den Herzen der Frauen oder deren totem Ersatz geschrieben.
Übersetzt sind die Geschichten in einem leichten, genauen Ton, – wie eben schon der Titel ›Big Blonde‹: Eine starke Blondine.«

Christel Dormagen/Konkret

»Berühmt wurde sie durch ihre Kurzgeschichten. Geschichten in elegantem Stil und mit jener unnachahmlichen Mischung aus bitterer Melancholie, romantischer Sehnsucht nach der großen Liebe und böser Komik.« *Gabriele Flessenkemper/Emma*

»Dorothy Parkers Gesellschaftsanalysen – und darüber gäbe es allen Grund, verzweifelt zu sein – sind heute noch so aktuell wie damals. Dorothy Parker erfindet brillant stechende Monologe. Was scheinbar harmlos beginnt, nimmt kein harmloses Ende. Ihr genügt der Glanz der Oberfläche, um den trüben Grund zu sehen.« *Verena Auffermann/Süddeutsche Zeitung*

»Dorothy Parker ist eine Virtuosin des Dialogs und der gesprochenen Rede. Viele Erzählungen bestehen nur aus unkommentierten Monologen . . . erschreckend und doch zugleich von umwerfender Komik. Es ist ein verzweifelter Humor, der von der bevorstehenden Niederlage weiß: ›Das ist auch das einzige stets verläßliche Naturgesetz – alles ist immer schlimmer, als man sich's vorstellt.‹« *Angelika Kaps/Tagesspiegel, Berlin*